STRESS LESS WORD SEARCH™
CHEERFUL PUZZLES

100 WORD SEARCH PUZZLES FOR FUN AND RELAXATION

Charles Timmerman, Founder of Funster.com

Adams Media

New York London Toronto Sydney New Delhi

Dedication
Dedicated to my family.

Adams Media
An Imprint of Simon & Schuster, Inc.
100 Technology Center Drive
Stoughton, MA 02072

For information about special discounts for bulk purchases, please contact Simon & Schuster Special Sales at 1-866-506-1949 or business@simonandschuster.com.

The Simon & Schuster Speakers Bureau can bring authors to your live event. For more information or to book an event contact the Simon & Schuster Speakers Bureau at 1-866-248-3049 or visit our website at www.simonspeakers.com.

Manufactured in the United States of America

6 2022

Library of Congress Cataloging-in-Publication Data has been applied for.

ISBN 978-1-5072-0067-4

ACKNOWLEDGMENTS

I would like to thank each and every one of the more than half a million people who have visited my website, Funster.com, to play word games and puzzles. You have shown me how much fun puzzles can be and how addictive they can become!

It is a pleasure to acknowledge the folks at Adams Media who made this book possible. I particularly want to thank my editor, Lisa Laing, for so skillfully managing the many projects we have worked on together.

ACKNOWLEDGMENTS

CONTENTS

Introduction

THE PUZZLES IN THIS book are in the traditional word search format. Words in the list are hidden in the puzzle in any direction: up, down, forward, backward, or diagonal. The words are always found in a straight line, and letters are never skipped. Words can overlap. For example, the two letters at the end of the word "MAST" could be used as the start of the word "STERN." Only uppercase letters are used, and any spaces in an entry are removed. For example, "TROPICAL FISH" would be found in the puzzle as "TROPICALFISH." Apostrophes and hyphens are also omitted in the puzzles. Draw a circle around each word you find. Then cross the word off the list so you will always know which words remain to be found.

A favorite strategy is to look for the first letter in a word, then see if the second letter is one of the neighboring letters, and so on until the word is found. Or instead of searching for the first letter in a word, it is sometimes easier to look for letters that stand out, like Q, U, X, and Z. Double letters in a word will also stand out and be easier to find. Another strategy is to simply scan each row, column, and diagonal looking for any words.

PUZZLES

Go Fly a Kite

AERODYNAMIC

AIR

ART

BEACH

BENJAMIN FRANKLIN

BOX KITE

BREEZE

CHARLIE BROWN

CHILDREN

CHINESE

COMPETITION

CONTROL

DESIGNS

DIAMOND

DRAGON

FABRIC

FESTIVALS

FIELD

FLYING

FUN

HIGH

KITE RUNNER

```
E N V N W X O E J B I V R D D C C E W O
Y I W A O X N T C X X E L Q J E P I N J
U E D E C I R V O H P E S K R A P W F L
J D B W L A T L M A I Z H G H V Y M D I
G J A E I Z O A P F S N P S N P K B W I
N Z R E N N U R E T I K E Z K I E T I T
I N X I R J G A T R H R Y S V Z R K E D
Y E X R H H A S I N C V Y S E H T T A U
L T R P K Y T M T R A E I E T A I L S M
F I Q V G S N G I S E D R A L K M L T W
K K G G I D B Z O N B B E A O U A F R W
V X V H S P R I N G F R I L O V I F A Y
S O A B T M G E N W O R B E I L R A H C
P B I Y G N R L H D E O A T D C S B G Z
I S L N I D I D Y T X Q S N O G A R D X
N A T N L V C N A W T E O R K T W I N E
N S N I C S A M G G F M S Y A L P C W U
E U H Y C M B Z K F A N G A H H I G H O
R C F T I K Q C L I J C M L O R T N O C
K Y E C H D S I D X P E R I Q L L D V M
```

LIFT	SHAPE	
LIGHTNING	SKY	
LINE	SPINNER	
MAKE	SPRING	
MATERIAL	STICKS	
PAPER	STRINGS	
PARKS	TAILS	
PLAY	THREAD	
RECREATION	TWINE	
RUNNING	WINGS	

Solution on page 112

Solitude

ABSENCE

ALONE

APART

BENEFITS

BUDDHA

CHOICE

CREATIVITY

DELIBERATE

ENLIGHTENMENT

FREEDOM

GROWTH

HERMIT

IDENTITY

INTROSPECTION

ISOLATED

JOY

MEDITATION

MIND

MONKS

PEACE

PLACE

PLEASURE

PRAY

PRIVACY

QUIET

RECHARGE

RELIGIOUS

REMOTE

REST

ROOM

SAINTS

SECLUSION

SELF

SILENCE

SOLITARY

SPIRITUAL

THERAPY

THINK

TIME

TREATMENT

UNDERSTANDING

VALUED

```
L T L K Y R A T I L O S A I N T S E L F
H J H M A H D D U B B K R F F G N D G G
Z A E V I R E S T L R E C H A R G E N F
R T R X T N O I T C E P S O R T N I T L
G D M H T U D G T R V Y L K H L D Z H B
L G I I O B E I U M P S C W I N E F E M
T N T Y R K M S H E R R T G A O L D R N
K Y G T R E A T M E N T H T F I I F A S
L R M J S E F E L U Q T S D O T B G P I
I X A G L Y H I C S E R Q T Y A E I Y L
Q S B P W T G B E N E F I T S T R I C E
E N O L A I A Y M D E C E S A I A E M N
W H D L O V Z E N O W S L T T D T L G C
E K Z U A I N U O K D F B U O E E P Y E
L E S L U T R P E A C E A A S M R Y C D
W Y U Q I A E C A L P L E A Y I E I T M
V E Q U I E T D W X K D S R V Y O R O O
D O N T G R O W T H Q J S A F H A N S O
I V I P Y C Y C P N U O C C C P K R N R
T Y P J S M Q U J E U Y R O A S X E P H
```

Solution on page 112

Love

```
R R E E W F Y W J H P D E S I R E K U O
K G I L D I F F C I E N E R D L I H C H
S E G O Z D L V H T F E E L I N G S P P
H E G L P I H S D N E I R F G N I T A D
W L L N O I T O V E D R N F M M R F R E
C B W P X R D I F M W F C E W R F S E A
S L R W U R L I V H D Y O M N E A N N R
C T A O E O W P F C C O M O C H M O T T
M D C N T D C N I A Q B M T A T I I S P
O N C E O H D O M T C F I I R O L S S H
Z A O G P I E I H T Y O T O I M Y S E G
I B M I U S T R N A N G M N N N H A W O
F S A R T N E I D G B D E S G B R P D X
L U R L I C X R D T E I N X L T A M N E
O H R F T W A A I N F A T U A T I O N T
W T I R U S O R F Z O F B A G R E C H E
E R A I T B U M T T U C C I T N A M O R
R U G E E R E L A T I O N S H I P S Y N
S S E N I P P A H N A N Y U G I O C A A
D T V D N I K F V O V A L E N T I N E L
```

AFFECTION

ATTACHMENT

ATTRACTION

BOYFRIEND

BROTHER

CARING

CHILDREN

COHABITATION

COMMITMENT

COMPASSION

COUPLES

COURTSHIP

DATING

DEAR

DESIRE

DEVOTION

EMOTIONS

ETERNAL

FAMILY

FEELINGS

FLOWERS

FRIENDSHIP

GIRLFRIEND

HAPPINESS

HEART

HUSBAND

INFATUATION

INTIMACY

KIND

LUST

MARRIAGE

MOTHER

PARENTS

RELATIONSHIPS

RESPECT

ROMANTIC

TRUST

UNCONDITIONAL

VALENTINE

WEDDING

WIFE

WOMAN

Solution on page 112

Crazy Water Balloons

AIM
BATTLE
BOMB
BREAK
BURST
BUST
CATCH
CHASE
DRENCH
DROP
FAUCET
FIGHT
FILL
FIRE
FRIENDLY
FUN
GAME
GRENADE
HID
HOSE
JOKE
KIDS
LATEX

LAUNCH
LIQUID
LOB
NOZZLE
OUTDOORS
PARTY
PLAY
POP
PRANK
ROUND
RUBBER

SOAK
SUMMER
SURPRISE
TARGET
THROW
TIE
TOY
VALVE
WAR
WET

```
U F T F C K R R C Q W M V L J F F O L N
P L A Y I E U K G G E E A M J V V I W S
I E U D L L W E R S K L Z Q F Z I E Q W
B U S T Y D L E U F D A T H Y R W C L K
T M T E P Z N M E P Y B N E P U Y J M E
X A U V Z A M E S T B O P U M X F N M P
B V H O D E R W I S L O T M F R P F E B
H C N E R D R V R R P K L A U N C H D F
I C D Q D C R Q P O F S U B R B K G I H
A G T T H G I F R O Q C B P K G A R H V
O O S A V E W Y U D E E F L A T E X V R
G R S P C A H K S T R M Z Z C S R T O Y
V E Y A W E L I Q U I D I B O M B S T C
B K G I N L G V H O S E U A G T H R O W
A O S N N G M X E A X Y K U Z X A U R G
U J G S E D J A M K G L V N H P D B R E
L G V F E J E W W N Q T G F G R O O Z I
T R O L F Y J V F N H R E G A A U R P T
T B N V J E R D E X B R K W L N M P D H
B Z P B J R M V L Y R L V E D K O E B N
```

Solution on page 112

Stress Relievers

```
N L X C J E T A L O C O H C B F Z I W O
D R L X N F M F J R X V O M P A N U Z I
L T B F G U I D E D I M A G E R Y X N Y
M W E Y S K O O B J M S Q D B U A E G M
P L A I P A S F L U S A U A R L M Y J M
V L C L X A D W N A B N G I E A D I E T
P W H K K J R I G U Z B P R G X W O R R
O Q A H C L C E S S E N L U F D N I M S
H B R R F A D Y H P G V Q E Z I I D N G
B S T O T U B N G T S A H H B Z M Q I G
D S W I T G D D R T O C R M M A L D B C
N E O W E H C D E T W A G D C P T E I N
J N R W X I A P E E G T I O E Z E H S L
E T K S I N G I N G F I L D D N S W C I
C I N K C G U J T K N O I T A T I D E M
X F J I X Q E B E C R N I P B E C N W I
S H N N F I V U A I V Z S B X N R X G T
A G O Y O H Y P N O S I S Z P E E L S S
J F U I E M G G N I K O O C N M X R X Y
C P H H F T M N B D S J A M M I E S X J
```

ARTWORK

BIOFEEDBACK

BOOKS

BUBBLE BATH

CHOCOLATE

COLORING

COMMUNICATION

COOKING

DANCING

DIET

DOG

DRAWING

EXERCISE

FITNESS

GAME

GARDENING

GREEN TEA

GUIDED IMAGERY

HUGS

HYPNOSIS

JAMMIES

LAUGHING

LIMITS

MASSAGE

MEDITATION

MINDFULNESS

MUSIC

NAP

PETS

PLAY

PRAYER

PUZZLES

QUIET

READ

RELAX

SINGING

SLEEP

SPA

THERAPY

VACATION

WALK

YOGA

Solution on page 112

Backyard Barbecue

```
K B T L V I D B L T L W L C S M J Q U T
T U S A U S A G E S X N L Z M Z P R Z Q
E U R O B H G I E N L R T P A T I O I I
K Y O C W O O P Y C H I P S T D I A R T
C T S R U W T A R B U B S F C S S S Y K
P R G A H Q R O Q Y R S D N H U T T B X
E A N H J D L B P P U H C T E K S E V K
U P O C V X S I Y P L S S S S T E R Q A
C I T B F E T Q C Z I S D K C R U P V B
D A E D R A G L H E T N K A N Q G X C P
S C U V J D N G A R E O G O L I V U N V
K W E K H V I I I I G M U S T A R D A U
X G C P I W R I R E A T S F N S S D Y O
V F C B H O P F S E S Z Q U T I O E K A
N P U W L Q S R R I K E E E M S K V E I
G N P L C R A V D I C O A M U M N P B Z
K V S Y C S H E U O A K M T A M E X A Q
K E P N N J E B R I N H H S I L E R B N
W N M R K G S N L C S H T B D N F A D V
Z Q U H V A F R H B A O L L I R G K T Y
```

BEER

BRATWURST

BUN

CHAIRS

CHARCOAL

CHIPS

CORN

CUPS

DRINKS

FLAME

FRIENDS

GAS

GRILL

GUESTS

ICE

KEBAB

KETCHUP

MATCHES

MEAT

MUSTARD

NAPKINS

NEIGHBOR

OUTSIDE

PARTY

PATIO

PORK

RELISH

RIBS

ROAST

ROLLS

SALADS

SAUSAGES

SEATING

SERVE

SMOKE

SNACKS

SODA

SPRING

STEAK

SUMMER

TONGS

TOPPINGS

UTENSILS

VEGGIES

YARD

Solution on page 112

Homecoming Joy

```
I W O H E A A Q S O K I N G L O O H C S
G E S W G D N T I Q C E L E B R A T E K
U Z K O F C R T K M E G R E C V B T I D
Q B F A E O A U T U M N N R L P A I K J
A R V R P L R B Q X T L O I F M N C T T
Y Z R S I L U M F B Z W I I S A D K N E
D N E K E E W D A A N T T S N J P E P B
L N T T J G N L E L L G A S S U V T E Z
E N U G N E L D U H A L N I I E E S P T
O E R C A F W U S U C H O I L E R R R V
V G N M L M L W N N T S R P R G M D I E
Z D Q L O X E O L I I G O Z N E A X N G
E F J R C L S M A E V Z C O E N H T C Y
C F P Q C T P T R T I E I R C D R T E U
A E Q O A C C I U N T T R E A U Y I A H
X O M L S I F Z C D I B B S O M N U Y G
E E G E I N T G J D E N N C I M H M T J
T I L J O C F S A F S N E R U T L U C W
A C V B N I J R A L L Y T L B T Y G T W
D I T W D P T B W P K L A S P K T M Z A
```

ACTIVITIES

ALUMNI

AUTUMN

BALL

BAND

BONFIRE

CELEBRATE

CLASSMATES

COLLEGE

CORONATION

COURT

CROWN

CULTURE

DANCE

DATE

DRESS

EVENT

FALL

FLOAT

FORMAL

FRIENDS

GAME

GATHERING

KING

NOSTALGIA

OCCASION

PAST

PEP

PICNIC

PRINCE

PROM

QUEEN

RALLY

RETURN

REUNION

SCHEDULE

SCHOOL

SPORTS

STUDENTS

TAILGATE

TICKETS

TRADITION

UNIVERSITY

WEEKEND

WELCOME

Solution on page 113

Very Bright

BEACH

BULB

CANDLE

CARS

CHILDREN

CLOTHING

COLORS

DAY

DIAMOND

EXPLOSIONS

EYES

FIRE

FLASH

GENIUS

GLARE

GLITTER

GLOW

GOLD

HALO

IDEA

JEWELS

LAMP

LIGHT

```
A T Y L F P E K T W E V S Q S K C B U C
K E A R S W R B S H R C G N I H T O L C
H Z G L Y N Y Q R T G E O U K B G E S D
A G I Y T G O M O Y N I B L U B O H E U
G Q K D E U H I S B T E L W O L L E Y Y
J I T J E W E L S C A N D L E R Y K E E
X B J E T A N I E O S G N U M H S A L F
O N L A H T L L F W L Q Q N T S S M I F
I Z Y A G V F Y O A Y P X Q H S I T H E
G P U O E E I B R L A I X I R R V A R A
E K D R R S N E P B Z F N E R D L I H C
D X Y I Y I V I E S G E T O F O F V K J
Z W B E A C H R U L D T R O T I N O M B
G Y J R T M A C O S I S P A R K O R E K
M T T N P I O W Z L R M M M S M A R T K
V H J N D I H N G I O C S R A T O D A Y
X O C C O F S W D O B W A W S L U W L A
N K J P Z U R R N L O C C B U H N M P V
V S N X D B L E F N O E N W N X T G U M
F Z Y A D R F I S M Q G F O C G K O X E
```

METAL

MIRRORS

MONITOR

MOON

NEON

PROFESSORS

RAINBOWS

REFLECTION

SHINE

SILVER

SKY

SMART

SMILE

SNOW

SPARK

STAR

STUDENTS

SUN

TEETH

WHITE

YELLOW

Solution on page 113

Winnie the Pooh

A.A. MILNE

ADVENTURES

ANIMATION

BEARS

BOOKS

BOTHER

BRITISH

CARTOON

CHARACTERS

CHILDREN

CHRISTOPHER ROBIN

CLASSIC

```
S V L Y S R P T P I G L E T W N N B E F
X I U T E D D Y B E A R J Z D Y B I H A
E D M H R N G E S N F C X N O O T R A C
B E P Z O Q S E O S H O S T U F F E D T
Z O Y D Y U R I R F O R E S T K Z D O L
G S P E E I T A D V E N T U R E S S T W
I N N I E C B D F T K E G D S Z Z H F T
F O V S I B G I D T L R X S A Y U I R C
H O P F I L L U S T R A T I O N O R I G
M J W T C M Z B I S V E W J D P N T E K
I B C C H R I S T O P H E R R O B I N I
V O J H A N B W I N N I E H I O R G D G
A I W I R R O S N R W D E S E H I G S D
X M F L A A T I H G A F I Y C S T E K R
T Y P D C E H T T C F V N Y T T I R O P
M K O R T B E S R A E B E O E I S W O K
M V E E E H R E L L M L R W U C H C B U
I G L N R O B U E N L I M A A K A N G A
N Q Q G S O M T U O E B N K F S L P M H
C W I V G P M B W S L C L A S S I C Y Q
```

CORNER	KANGA	STORIES
EEYORE	LUMPY	STUFFED
FICTIONAL	MOVIE	TEDDY BEAR
FILM	OWL	TELEVISION
FOREST	PIGLET	TIGGER
FRIENDS	POOH BEAR	TOYS
GOPHER	POOHSTICKS	TREE
HEFFALUMP	RABBIT	VIDEOS
HONEY	RED SHIRT	WALT DISNEY
HUNDRED ACRE	SERIES	WINNIE
ILLUSTRATION	SONGS	YELLOW

Solution on page 113

Gratitude Journals

ACKNOWLEDGMENT

APPRECIATION

ATTITUDE

BENEFIT

BLESSINGS

BLOG

BOOST

CALENDAR

COMMENT

DAILY

DATE

DIARY

ELECTRONIC

EMOTIONS

ENJOYABLE

ENTHUSIASM

ENTRIES

EVENTS

EXPERIENCE

FEELING

FORMAT

GOALS

```
A S Q M T H A P P Y R A I D E S T U O X
T X S T S S E N L U F K N A H T Q Y V J
T G E S S E R G O R P E N I N H J L N K
S E T A V I R P F I G L R L P G S W Y V
O A W T B S R U H V T B X Y G U M E F U
O S T T K T O M A R N A H D R O C E R T
B S E I R T N E N O E Y I M A H D K C N
D K F T S H F X D F M O N C T T O L A L
M Y P U S F A V W R G J P P E H O Y L D
S G P D Q W A B R C D N J F F R G O E V
G O S E W S T C I U E E I C U O P D N C
N L V G L N F T T T L L I A L U A P D O
I O E Q N O S A T I W N Q B N T R Q A M
H H V G N I L E E F O T I F E N E B R M
T C E W M T S M N R N N P O S I T I V E
A Y N I G O Z S T H K P E R S O N A L N
M S T G H M M C E E C N E I R E P X E T
R P S Q K E E S S L A O G V O Q O D Y F
O A H E A L T H Y P B U C V G M D B J S
F K F K E N T H U S I A S M X S Z M N S
```

GOOD

GRATEFULNESS

HABIT

HANDWRITTEN

HAPPY

HEALTHY

HELP

LIFE

OPTIMISTIC

PERSONAL

POSITIVE

PRIVATE

PROGRESS

PSYCHOLOGY

RECORD

SATISFACTION

THANKFULNESS

THINGS

THOUGHTS

WEEKLY

Solution on page 113

Games People Play

ACTIVITY

BET

BOARD GAMES

CANDY LAND

CARD GAMES

CHALLENGE

CHANCE

CHECKERS

CHILDREN

COMPETITION

COMPUTER

CRICKET

DICE

EDUCATIONAL

ENJOYMENT

ENTERTAINMENT

FAMILY

FIELD

FOOTBALL

FUN

GAMBLING

GIN

GOALS

```
Z Q Y Z F X K Z F A O F V T F S L A O G
H F E L O S E O V M D O A I N P Q C N V
P I O N O X L J I N L I F M I O Q T P Y
P R Z L T N E R D L I H C E O R C Q R C
L G Q E B E N W E E H G C E N T V Z R H
A D A S A Q R Y O X B E A D L S C I O A
Y M T K L U B T G O S N R U I H C C F N
E C P I L A B U A I Q J D C N K K I S C
R H D L L L N R M I I O G A E E E E U E
S E Y L N C D F E D N Y A T Y L L N N A
F C T S O G X D S O R M M I D U B W O Z
L K G U A I I G I E D E E O R R B N I R
X E B M P S A T C C S N S N U F A J T N
D R E O T M I C M B G T A A T G R B A F
W S K U B T O N E G N E L L A H C Z E A
Y E O L E S R C N Z U B J Y Y A S W R M
R S I P X U V A L E K W J S I D Y T C I
I N M Y L J T G J M T A G U X O N O E L
G O K Y H O V M I V P I C T I O N A R Y
C L P B O S T R A T E G Y T I V I T C A
```

HOCKEY

LOSE

ONLINE

OUTSIDE

PICTIONARY

PIECES

PLAYERS

POKER

RECREATION

RULES

SCRABBLE

SKILLS

SOCCER

SPORTS

STRATEGY

TAG

TEAM

TENNIS

TIME

VIDEO GAMES

VOLLEYBALL

WIN

Solution on page 113

Circus Act

```
L Y L I M A F L E A C I R C U S T E N T
H M G R E T S A M G N I R H E G R S O A
O S N O O L L A B A N D V S H I N Y C H
T L T E P O R T H G I T R U W W S R H G
D A R E D E V I L X T O M H O R O V G N
O P A S L A M I N A H A G L I B M S Y I
G S P S E I N O P G N I C N A D R E Y N
S T E H D G B E N C H X G T G E G Q E N
T I Z H B W R A A S J S S N H N F S D I
U C E R H F M N C J C E I T I Z I N Y P
N K O O O G N I W O L L A W S D R O W S
A S M R N O T R T E G E O L D I E I J E
E W M O N S E T P G R R A I M L E S Y T
P E R B A T O H U B H B R O U L A S R A
R T A N H N A J E T V I E N N U T E B L
S L M G C N V R E S C G N T R S I C B P
L Y U A T U I F Q N I C I A A I N N U T
G A N S T F I K N O G A A M B O G O A K
L D P A T N E M N I A T R E T N E C O G
Y S Y E K N O M P L M S T R P O T G I B
```

ACROBATS

ANIMALS

BALLOONS

BAND

BIG CATS

BIG TOP

CLOWNS

CONCESSIONS

COTTON CANDY

DANCING PONIES

DAREDEVIL

ELEPHANTS

ENTERTAINMENT

FAMILY

FIRE-BREATHERS

FIRE-EATING

FLEA CIRCUS

GYMNASTICS

HIGH WIRE

HORSES

HOT DOGS

HUMAN CANNONBALL

ILLUSION

JUGGLING

KNIFE THROWING

LAUGHTER

LION TAMER

LIONS

MAGIC

MONKEYS

P.T. BARNUM

PEANUTS

PERFORMER

PLATE SPINNING

RINGLING BROS.

RINGMASTER

RINGS

SLAPSTICK

STRONGMAN

SWORD SWALLOWING

TENT

TIGHTROPE

TOYS

TRAINER

TRAPEZE

Solution on page 113

Fireworks

AESTHETIC

BANG

BRIGHT

CELEBRATIONS

CHEMICALS

CHERRY BOMB

CHINESE

COLORS

DANGEROUS

DISNEYLAND

DISPLAY

DYNAMITE

ENTERTAINMENT

EVENT

EXPLOSIVES

FESTIVAL

FIRECRACKERS

FIREWORKS SHOW

FLASH

FUSE

GRAND FINALE

GUNPOWDER

ILLEGAL

```
B E V C T N E M N I A T R E T N E J T S
M P R U Y P D I S P L A Y T X C Z M N M
T Z V T M R Y R O L T C L S I H I A E O
R H R H C O N P V R I A N V O S K S V K
J A G G H C A W O T V O E S J E B P E E
P N M I I K M M E I I D R L S L O A O K
S V N L N E I H T T C O D A L D E R N Q
U V W L E T T S A I L I F C F N L K V G
M W Q E S S E R N O S S Z I T A A L X O
M Z E G E F B H C N Z R R M X C N E R F
E Q Y A D E C N E D N E P E D N I R X A
R R H L L E R Y N O W K J H U A F S O A
E Z W E T A L U I O C C U C O M D K J P
D B C O E A O S R H S A L F L O N Y O B
W Y R Y N S E K I W N R Y H I R A R M O
O Y W D J S S Q B U P C F Y Z J R O Z K
P E V Z U S W S U O R E G N A D G C Z S
N P P F H U O C H E R R Y B O M B K F K
U W E O Z E H R S E V I S O L P X E X F
G L W B G T S K C Z P F B R I G H T Q I
```

INDEPENDENCE DAY

JULY

LIGHT

LOUD

MORTAR

NEW YEAR

NIGHT

NOISE

PARTY

POP

PYROTECHNIC DEVICE

ROCKETS

ROMAN CANDLES

SHOWS

SKYROCKET

SMOKE

SNAKES

SOUND

SPARKLERS

SUMMER

Solution on page 114

Sesame Street

ABBY CADABBY

ADULTS

ALPHABET

ANIMATION

ARITHMETIC

BABY BEAR

BERT

BIG BIRD

CHILDREN

COOKIE MONSTER

COUNTING

EDUCATIONAL

ELMO

EMMY AWARDS

ENTERTAINMENT

ERNIE

FUN

GROVER

JIM HENSON

KERMIT

KIDS

LEARNING

LETTERS

```
H J B E U Q O B B W W C H I L D R E N R
A R I T H M E T I C O O O S P Y P D P V
G L E T T E R S G W N H O B M S U U U Z
N O I T A M I N A K I D S Q U L B C P I
I U M N S G N I D A E R C G S L L A P R
N G W U G N I H C A E T A E I P I T E O
R W W O P Z O C H L D P R C C Z C I T V
A R Z C S P O M O D U R T N S Z B O S S
E L X E O U E O E E C E H E D O R N T K
L A L H N K H T L I L P E I R Y O A L F
H M B T G C K F S E K O G C A H A L U T
O S I B S V F N V K B O R S W D D N D Q
T N I E Y U V I G E I H O K A B C U A R
G S R N N C S X D R G R U C Y A A M W N
F P C S G I A L R M B M C C M B S B R D
F A I O O I T D D I I Q H R M Y T E E G
B N T N E M N I A T R E T N E B I R V Z
E I N R E H S G D B D J I M H E N S O N
R S F N J A L P H A B E T M S A G E R T
T H U B G K S L F L X Y M M A R I A G A
```

MARIA

MR. HOOPER

MUPPETS

MUSIC

NUMBERS

OSCAR THE GROUCH

PBS

PRESCHOOLERS

PUBLIC BROADCASTING

PUBLIC TELEVISION

PUPPETS

READING

SCIENCE

SHOW

SINGING

SNUFFLEUPAGUS

SONGS

SPANISH

TEACHING

THE COUNT

ZOE

Solution on page 114

Human Longevity

```
B H W D I B Y L H Y H X S C I T E N E G
O Y H W V S Y T I L A T R O M W E M X S
W N X D O S L G W Q N L N L O G D H I R
X O R L K A E X P E C T A N C I E S E T
Q W C E E N A J D Y Y T I V E R B O R E
M B I H D G Z I Y C N L K S H T Y M G X
Z Y S E I O C Y I E E P J R V O E A I T
G H R N N C M A M N H O K O M N R I R E
R U G U A N V N G T B C P T L E T B D N
W N L M P S O T K E D W R C V D Z O F D
E M O M S R H L H N O I T A L U P O P N
U Y K I I N A A J A S Y S F E A L S P I
T S F V T O V D I R C E E E P S I T A N
Y T N Y H I H Q V I I U S N A Y E M I A
T E Z U O T R L Y A E J I A E S C R S I
B R X R U A U T I N N M C A E I E Z I M
H Y S O E R N B U F C C R Q B R G N O L
Z N Y T I U N N A N E S E D Z F C Y D D
W S A S T D D C B N X Y X S K Q M N H J
C U F X B O I M P R O V E D B I O I I Z
```

ACCIDENTS

ADVANCES

AGING

ANNUITY

AVERAGE

BEHAVIORS

BOOST

BREVITY

CENTENARIAN

CLAIMS

DIET

DISEASE

DURATION

ENVIRONMENTAL

EXERCISE

EXPECTANCIES

EXTEND

FACTORS

GENDER

GENETICS

HEALTH

HYGIENE

IMMUNE

IMPROVED

INCREASE

LENGTH

LIFE

LONG

MODERN

MORTALITY

MYSTERY

MYTHS

NUTRITION

OLD

POPULATION

RESEARCH

SCIENCE

SPAN

TIME

YEARS

YOUTH

Solution on page 114

Happy New Year!

AULD LANG SYNE

BALL

BEGINNING

BOW TIE

CALENDAR

CELEBRATION

CHAMPAGNE

CHEER

CONCERTS

CONFETTI

COUNTDOWN

DANCING

DERBY

DICK CLARK

ENDING

EVENING GOWN

FATHER TIME

FESTIVE

FIREWORKS

FIRST DAY

FUN

GAMES

GUY LOMBARDO

HAPPY

HOLIDAYS

HORN

JANUARY

MIDNIGHT

NEW YEAR'S RESOLUTION

NOISEMAKER

PARADES

PARTY

REMEMBRANCE

RESOLUTIONS

SHOUT

STREAMERS

TIMES SQUARE

TOP HAT

TUXEDO

WEDDING

YELL

```
A J S Y O D D R A D N E L A C H E E R N
T R Z T U C F A T H E R T I M E O T R M
O P A R A D E S X C W H D O A E T C I M
M L L A B I E L O R Y A H T U X E D O B
S X M P T M O D E K E P T E Z T N N E O
W L P W A M D I V B A P N E H I W G N M
E T O G S A R C E A R Y E Y G O I T G A
D B E R N F A K N U S A B H D N I A A N
D F V C S I B C I G R R T T N M Q H P J
I L I S Y R M L N J E X N I E E R P M R
N N T O A S O A G D S U N S O C R O A N
G F S M D T L R G O O G S T I N Q T H G
N I E D I D Y K O C L Q T R D A V U C L
I R F L L A U O W K U H R E B R G O O E
D E M U O Y G P N A T O E A S B E H N T
N W A S H X D E R U I R C M K M N S F Y
E O R E K A M E S I O N N E L E H O E V
Z R E S O L U T I O N S O R P M E L T H
Y K S P H Z K O H U K S C S J E L J T P
G S C D D Q F R F A J A N U A R Y G I D
```

Solution on page 114

Philosophize

ABSOLUTISM

ACTIVISM

AESTHETICS

AGNOSTICISM

ALTRUISM

ANARCHISM

ANCIENT

ATHEISM

BELIEF

CHRISTIAN

CONFUCIANISM

DEISM

```
M J L M S I L A E D I E M A R X I S M K
S Y M S I H C R A N A N C I E N T L G U
I T S I C I G O L M P R A G M A T I S M
M S I L I H I N N M V A C T I V I S M S
I T C A Z J M S I F I C A P M I D A S I
T O I B E L I E F S U B M S I O A T I L
P I R O N O B U M S I C I T A N A F C A
O C I L F R E E W I L L I F P M K G I R
D I P G P J M S I N A I R A T I L I T U
E S M C L I B E R T A R I A N I S M S T
I M E S R I L J N C H R I S T I A N O A
S S E X I S T E N T I A L I S M S I N N
M I H A J L M D E T E R M I N I S M G B
S E I Y O A A H B M S I L A N O I T A R
I H N J D M S I T U L O S B A M G O D L
L T D N K A P S R E L A T I V I S M V E
A A U E A E S T H E T I C S N A C C I W
E F E P E M S I C I T P E K S C I H T E
R R Y A M S I U R T L A R E L I G I O N
G S O B J E C T I V I S M S I N O D E H
```

DETERMINISM

DOGMA

EMPIRICISM

ETHICS

EXISTENTIALISM

FANATICISM

FREE WILL

FUNDAMENTALISM

GLOBALISM

GREEK

HEDONISM

HINDU

IDEALISM

LIBERTARIANISM

LOGIC

MARXISM

MATERIALISM

NATURALISM

NIHILISM

OBJECTIVISM

OPTIMISM

PACIFISM

PRAGMATISM

RATIONALISM

REALISM

RELATIVISM

RELIGION

SKEPTICISM

STOICISM

TAOISM

UTILITARIANISM

WICCAN

ZEN

Solution on page 114

Santa Claus

```
H N C R L N E U N W O R K S H O P W V N
E O X O A B V B E X N E L E T T E R S W
M F H W O H W Z B C N E A Z H X C X Z P
Y S T O C K I N G S I D P G A M A N F Y
T E A N H T I S I V A N Y A D I L O H W
H F N M I O T E F L Y I N G Q V P I F C
G O L M T S R S S H Y E D C D K E T A E
U C H R I S T M A S T R E E P S R A A U
A T R L N H I C E L G N I R K S I R K H
N W S O B N C R H Q O X H S A G F B Y Y
S I W E Y O T A H I V H Z F H O B E L W
M N L M H R R Q G C L H C R U D O L P H
B T W H I T E B E A R D G I D W O E Z N
V E M Y R H B F C V G E R I N J T C W K
J R A D F P M L X L O M H E E T S K C E
B O L R U O E R E D S U I T N L N A P L
P W L G D L C G K M R S C L A U S I E V
U L S N S E E C N N K I D S T F I G A E
K C T P N N D Q U O P R P R E S E N T S
D A J C D W V T O Y S Z H E P Q T H W H
```

BEARDED

BELT

BOOTS

CELEBRATION

CHILDREN

CHIMNEY

CHRISTMAS TREE

COAL

COOKIES

DECEMBER

ELVES

FATHER CHRISTMAS

FIREPLACE

FLYING

GIFTS

HAT

HO HO HO

HOLIDAY

JOLLY

KIDS

KRIS KRINGLE

LAP

LEGEND

LETTERS

LISTS

MALLS

MRS. CLAUS

NAUGHTY

NICE

NORTH POLE

PRESENTS

RED SUIT

REINDEER

RUDOLPH

SACK

SAINT NICHOLAS

SLEIGH

SNOW

SONG

STOCKINGS

TOYS

VISIT

WHITE BEARD

WINTER

WORKSHOP

Solution on page 114

Summer Wardrobe

```
O Q A T H O N G S Q H M D N A J W I O O
E E I B R I D D I L R H P V E R V G S E
J G U I U I R O M P E R O A G N K H C B
J W I B H W K T L L R E N H D Y I Y T J
H Q S O Y W B S S I U S P O P R S L S L
N A L P U J P M E F G Y P W T S C K S B
O A R H U F R H L S F H L O E Q C Z R Z
M I J P T L Z N S K O R T L L A A Q E U
E N T Y H S L I Q E D N E W L F R Y F V
V P V O S O S O H V M V O S E J P J A K
T Q N E A K I S V Y E Q I T S I T I O W
I L R P N K N E T E K C A J T H G I L W
U D Q U D E I S L W R A P J N O L H Y F
S G R O A N K S S B A N D E A U C M T V
M T A K L S I A E H A K S P P J R L U I
I H E G S S B L V U O U E N A A O L N I
W R H N U C M G G N O R A S G K S E I X
S Z Z T C R N N O L O P T S O N I H C S
Q M K A E A H U B F L P S S Y A V S U Y
L G O D E E P S T H A X T N N T A H M K
```

BANDEAU

BIKINI

BLOUSE

CAP

CHINOS

COTTON

DRESS

FLIP FLOPS

HAT

JEANS

LIGHT JACKET

LIGHTWEIGHT

LINEN

LOAFERS

MESH

POLO

PULLOVER

ROMPER

SANDALS

SARONG

SHELL

SHIRT

SHORTS

SHRUG

SKIRT

SKORT

SLACKS

SLEEPWEAR

SLEEVELESS

SNEAKERS

SPEEDO

SUNGLASSES

SWIMSUIT

TANK

TEE

THONGS

TRUNKS

TUNIC

VISOR

WRAP

YOGA PANTS

Solution on page 115

Magic Fairyland

```
M Y F B K U F F H D T D P W I Z A R D N
K A R G M Q V E W D Q F H S A R X S E E
O T G I W T L A E R E H T E V R G N N R
M I L I A A R T E W A U M A U S L G J W
E N O M C F N F M E R M A I D E N O V G
U K D S S A J D A I E R G O G I E D C L
X E F V H U L Y E B G H Z T T N V M N K
M R M C I S S T R O L L S F D W E O D D
X B N Q P Z R A P S C E I N D O R T S R
C E G E D P O A G H K H I P A R L H P A
I L L J K R D F A E S A N Z F B A E I G
T L A R U T A N R E P U S W L C N R R O
S N I L B O G E P O A Q G W Y Q D E I N
T H F B E E W A B H G I F C D N M O T K
N N Z B L I H L C E A K L T E L N S I Q
J J X I F S J E Y N U O I G I C E H W V
S E N N A P R E T E P L E N G B K A I J
Q G G U D P F R O S S L B K G E B D T X
U I F R E M N R S F A K S D X W B O C D
A X R L T M W R O Z U X I I O R J W H A
```

BANSHEE

BLUEBEARD

BROWNIES

CHANGELING

CYCLOPS

DRAGON

DWARF

ELF

ENCHANTED

ETHEREAL

FABLE

FAIRY

FLY

FROG KING

GIANT

GOBLIN

GODMOTHER

GREMLIN

HOBBIT

LEGEND

LEPRECHAUN

MAGICAL

MERMAID

NEVERLAND

OGRE

PEGASUS

PETER PAN

SHADOW

SHAPESHIFTING

SPELLS

SPIRIT

SUPERNATURAL

TINKER BELL

TROLLS

WAND

WARLOCK

WITCH

WIZARD

Solution on page 115

Funnies

ADVENTURE

ARTISTS

BALLOONS

CALVIN

CARTOONS

CHARACTERS

CHILDREN

COLLECTIONS

COMEDY

COMIC BOOKS

COMIC STRIP

CONVENTIONS

COUNTERPOINT

DESIGN

DIALOGUE

DOONESBURY

DRAWINGS

FAMILY CIRCUS

FANTASY

FAR SIDE

FUNNY PAGES

GRAPHIC MEDIUM

GRAPHIC NOVELS

HOBBES

HUMOROUS

ILLUSTRATION

IMAGES

INK

KIDS

MAGAZINES

MANGA

NARRATIVE

NEWSPAPERS

OLD

ONLINE

PANEL

PICTURES

PRINT

READING

SERIES

STORIES

STRIPS

SUPERHEROES

SUPERMAN

WORDS

```
U P Z S N U M U I D E M C I H P A R G Y
S M S G N I W A R D Q R G N I D A E R F
E P J N M O N L I N E L S N O O T R A C
I G L A H C O M I C B O O K S H H M P O
R F G S H K O L J N S E R U T C I P H M
E E M R N Q S U L M K P A N E L R B I E
S S A E A Y J U N A M I I U Y I N E C D
H E G T R R R L P T B X F C N E R C N Y
O G A C R U E N A E E T I T W U H O O R
B A Z A A B W D V Y R R V S T U I L V X
B P I R T S C I M O C H P N M T N L E A
E Y N A I E F D E U C A E O A G P E L L
S N E H V N M U S S P V R R I T S C S K
T N S C E O G K T E D O T S O N F T U B
O U S D L O I S R A U S E W B E T I P B
R F T F L D I S R S U D W O R D S O E B
I O R A S T C H I L D R E N I N H N R O
E D I S R A F O L F A N T A S Y A S M R
S D P A S N O I T N E V N O C A G N A M
O X S A V E P B A C Z R Y C A L V I N Q
```

Solution on page 115

Going Shopping

ADVERTISEMENTS

APPLIANCES

BABY STORE

BARGAINS

BOOKS

CLEARANCES

COFFEE

COMPARE

CONSUMERS

COOKIES

COSMETICS

CROWDS

CUSTOMERS

DIRECTORY

DOORS

EXCHANGES

FASHION

FOUNTAINS

HANGOUT

INCENTIVES

MERCHANDISE

MONEY

PERFUME

PRESENTS

PRETZELS

PRICE

PROMENADE

PURCHASE

REFUND

RESTAURANTS

SALESMAN

SEASONAL

SECURITY

SHOE STORE

SHOPPERS

SOCIALIZE

SPECIALS

SPORTING GOODS

STAIRS

STROLLERS

TEENAGERS

TOY STORE

TRAFFIC

VIDEO GAMES

WALKING

```
S E M L A N O S A E S A Y C J N B B A D
O K T S A S A O R H S P E C I A L S N J
C P O H Z D E L O I S T S Z B F Z U O A
I R Y O U Q V E G N A E E Y E E F F O C
A I S P B W S E I P C T S B S E E A C Q
L C T P S T N A R U A T S E R B R I R Q
I E O E O F T E R T O H M P Y S A N O T
Z E R R R N S I P R I A N P R P P C W T
E P E S U E T E E S G S I R O O M E D J
X Z H O N Y M P R O W C E O T R O N S N
C I F T A U R E E S E L S M C T C T A G
H J S O F E M D R E S E R E E I U I H N
A Y X R T U I S Y C A A E N R N S V B I
N U E Z S V H E A N H R G A I G T E A K
G P E N A I G I E A C A A D D G O S R L
E L O T O J F K N I R N N E T O M R G A
S C I T E M S O C L U C E D I O E O A W
D F F A S H I O N P P E E O I D R O I S
T U O G N A H C L P D S T D W S S D N R
D J E N A M S E L A S T R O L L E R S K
```

Solution on page 115

Lighthouses

```
H I P T I T I N G F S T G K Q E E A K F
G K H L R Y T E F A S P M A L R N J K R
L E V E J O G A D E D A R K N E S S O E
W D L U W W B W L I N O Z I R O H T N P
S A A E A L A R M L S J O N T I A I A E
Y W R V J G D E R Q D A O C P T L H M E
S S E N D A S F F I L C E W E E J W H K
R S S P I R A L S T A I R S R A R U C K
W N M H S N K E A E J E E O H E N C T C
A E R I T K G C B O C W H N C G W G A M
F Y O R A T G T T K H S T K I B U P W L
C R T G N F X O S C J S A G Z L T O L C
R O S H C E U R S I W G E M H A Z A R D
A B B L E R M S T R E K W R I A I H C G
S R O L I A S L A C I R D N I L Y C Q P
H A P S E D M N O U C O A S T L I N E Y
X H T M Z D A P B L E Q B J V H O J Z A
J S V N G N I N N A C S K C O R G O F F
U E V W W L N U K R E G N A D L V I J L
X S Q I C R E W G Z J H O N U N J P N U
```

ALARM

ALERT

BAD WEATHER

BEACON

BOATS

CAPTAIN

CIRCULAR

CLIFF

COASTLINE

CRASH

CREW

CYLINDRICAL

DANGER

DARKNESS

DISTANCE

FOG

GUIDE

HARBOR

HAZARD

HORIZON

KEEPER

LAMPS

MAINE

NIGHT

OCEAN

REFLECTORS

ROCKS

ROTATE

ROUGH SEAS

SAFETY

SAILORS

SCANNING

SEASIDE

SHIPWRECKS

SHOALS

SHORELINE

SPIRAL STAIRS

STORMS

TALL

TOURISTS

TOWERS

WARNING

WATCHMAN

WAVES

WRECKAGE

Solution on page 115

Hopeful

```
M J R Y K G P P A U T N E D I F N O C R
V X T Z E E W L N O I T C I V N O C P M
D C G S D A C H E Y N Z N C S B R B O J
G M E O R A R N S G H E A R T F E L T L
R Z J M A E C N A I L E R A R I M S E T
X U E E W G E I Z H W D E V I K M Z N E
Y G I D E A L L Y G C Q V E V H I E T H
R X Z A R R I S G B M E E J E T L F I N
X Y O Y A U E N E L B I S S O P G N A G
P Z A D O O A L T M F L R D P F E N L S
K K Y R B C I R A E N O E S E V O W F R
Y L R Z P E M Y R M N L P S I S E K E A
M C Q Q F E B Q T O I D I T S R I J G W
G C E D D E R C S G V B I I I I I R D T
C D I T D R E H H S W S B P S M N B E F
Y O D N S P E T A G O E S R A B I G L P
D N V Y X U O A Y P V A P G M P D S P G
Q S X E P P R O M I S E I O O R E B M T
E P N V N G W T A A S N F A H Q V A E U
B C I P O A O M E Q E S U L U C K Z L V
```

AIM

ASPIRE

BELIEF

BLESSING

CHANCE

CONFIDENT

CONVICTION

COURAGE

CRAVE

DELIGHT

DESIRE

DREAM

EXPECT

GLIMMER

GOAL

HEARTFELT

HOPE

IDEALLY

IMAGINE

INTEND

LUCK

MAYBE

OPTIMISM

PERHAPS

PERSEVERANCE

PLEDGE

POSITIVE

POSSIBLE

POTENTIAL

PRAY

PROMISE

RELIANCE

REWARD

SOMEDAY

STRATEGY

STRIVE

TRUST

VOW

WISH

YEARN

Solution on page 115

Chanting

ANGLICAN

AUCTION CHANT

BIBLE

BUDDHIST

BYZANTINE

CANTILLATION

CHURCH

COMPLEX

GALLICAN

GREGORIAN

GROUP

INCANTATION

MANTRA

MEDITATION

MELODY

MONOPHONIC

MUSICAL

NOTES

OFFERTORY

PERSONAL

PITCHES

PLAINSONG

PRACTICE

```
N X T J U B M M C I N B C C W G P X P E
C C B A N T R A D I T I O N S I M P L E
G V C C A P U O R G R E G O R I A N V N
X R J H C C R E C I T A T I O N S E H O
F R A U C T I O N C H A N T H R O A T T
A S D R O W Q S J O S F G A L L I C A N
S G Q C M V M A P C I U O L A C I S U M
L U Q H P L R G O O M T B L M G B O U X
B X W R A T V M N O R T A I S Z E X B K
B W O S N B P Q N O I T A T I D E M Y A
H K P A I L R O N G S I S N N N X S Z D
Z T M Q E M P X O T P N J A E A E O A A
W K Z X D H G N I S B I I C V M C U N R
S F P R O T E S T E R S T A V O N N T T
E C B N A N G L I C A N Y C L R A D I H
T S I H D D U B T E X T S D H P N S N Q
O C B D N O F F E R T O R Y O E O G E M
N N L U E I T Y P E R S O N A L S T U S
T P E G I V C T E P R A C T I C E T I R
P C I M H T Y H R E C I T I N G R M O C
```

PROTESTERS

PSALMS

RECITATIONS

RECITING

REPETITION

RESONANCE

RHYTHMIC

RITE

ROMAN

SIMPLE

SING

SOUNDS

SPORTS

TEXTS

THROAT

TONE

TRADITIONS

UNACCOMPANIED

VEDIC

WORDS

Solution on page 116

Fun Hobbies

```
V C N U N Y A L R J V N D D N I Y A B C
G K W S Y O J N E F N T O S X Z H H G T
F A A E S H Z F T L S E L Z Z U P A V T
R P V F E J P B W A H E L Q E D A N C E
M U B F P I I A I E D V S N L U R R V E
S O Y V H J D L R O C Y T W T K G Y C G
Y L D R U H I S M G O I E T T N I L N J
E Z O Z E N V E N S O S H Y I J L I R O
L B K J G T G I P A K T C K H K L E N I
J Y A H R A T V G U W S O O W C A S K L
X C T A C N S O B J Y O R H Y D C T D O
E Y H I U P Y M P O B M C C P I L F R D
O O E H M G G V T P L U C S M C W A R D
Y M A A D N S G A M E S P O K U T R H T
Q A T N I I X R B O U O C C E E S C N C
I S E F N H C A F Z R W Y L O V T I Q O
Q P R G V S K O A T U S X C I I A C C W
L U F D E I G N S X J S G U T P N E H C
S H Z R N F E F I H B F P S L O Q S W U
X G D G V G Z P T T A P L A R B K T U L
```

ART

BAKING

CALLIGRAPHY

COINS

COMICS

COOK

CRAFTS

CROCHET

CYCLING

DANCE

DOLLS

DRAW

ENJOY   POTTERY   STAMPS

FISHING   PUZZLES   STITCH

GAMES   READ   SURFING

HUNTING   SAILING   THEATER

KNIT   SCRAPBOOKING   TOYS

MODELS   SCULPT   WEAVE

MOVIES   SEW   WHITTLE

MUSIC   SING   YOGA

PAINT   SKETCH

PHOTOGRAPHY   SPORTS

Solution on page 116

Costume Party

ALIEN

ANGEL

ASTRONAUT

BANSHEE

BATMAN

BUMBLE BEE

CARE BEAR

CAVEMAN

CLOWN

FAIRY

FIREMAN

GARGOYLE

```
F H I P H P H C T I W K M U M M Y A A U
H S P I D E R M A N A M E R I F R F J O
V P S N W A L L I R O G E R A L I E N N
A U O I M U G W S S E C N I R P A E I K
O J U L Z D U E T T O B O R E J F H N N
P U T B I U B R S K E L E T O N S S X M
U S H O N C Z E O L E G N A Y S X N W S
M O E G C D E W H T U A N O R T S A O N
P E R S R I B O G A M U B Z D K E B R U
K L N Y E E U L F T O W V A D X T R C R
I V B E D G M F A F O G A R G O Y L E S
N I E S I I B B K C I D C V A M P I R E
A G L H B C L C N O C C H B Y Y D Z A T
M Y L T L I E A R E P A E R M I R G C D
G K E O E N B V K Y N A M R O L I A S S
N A W M H R E I D L O S L Z O M B I E I
A N J S U P E R M A N L H K C O L R A W
H E A D L E S S H O R S E M A N I S Y S
Y N M W K S N Y J H L C A V E M A N R H
S S V I W G W Z G I J V T L W U J Z F Q
```

GHOSTS	NINJA	SOUTHERN BELLE
GOBLIN	NURSE	SPIDERMAN
GORILLA	POLICE OFFICER	SUPERMAN
GRIM REAPER	PRINCESS	URBAN COWBOY
HANGMAN	PUMPKIN	VAMPIRE
HEADLESS HORSEMAN	ROBOT	WARLOCK
INCREDIBLE HULK	SAILOR MAN	WEREWOLF
JAILBIRD	SCARECROW	WITCH
MOTHS	SKELETON	ZOMBIE
MUMMY	SOLDIER	

Solution on page 116

SpongeBob SquarePants

ANIMATED COMEDY

BIKINI BOTTOM

BILL FAGERBAKKE

BUBBLES

CARTOONS

CHARACTER

CHILDREN

CHUM BUCKET

CRABS

EMOTION

EPISODES

EXPERIENCE

FICTIONAL

FRY COOK

FUNNY

GAMES

GARY

GOO LAGOON

HAPPY

JELLYFISH

KIDS

KITCHEN SPONGE

KRABBY PATTY

KRUSTY KRAB

MEDIA FRANCHISE

MOVIE

MR. KRABS

NICKELODEON

NICKTOONS NETWORK

PATRICK STAR

PINEAPPLE

POPULAR

SANDY CHEEKS

SCHOOL

SCIENCE

SEA SPONGE

SHELDON PLANKTON

SNAIL

SQUIDWARD TENTACLES

STARFISH

STEPHEN HILLENBURG

TALENT

TIE

TOM KENNY

UNDERWATER

```
L O O H C S C I E N C E M O T I O N J K
S N O O T R A C I Z P I N E A P P L E O
H E P I S O D E S B A R K R M W A T L O
E X L P O P U L A R L I A N S G K N L C
L N I C K T O O N S N E T W O R K E Y Y
D O K R A B B Y P A T T Y N N U F L F R
O Y I R E T C A R A H C R A B S V A I F
N P G R U B N E L L I H N E H P E T S S
P A N I M A T E D C O M E D Y P P A H L
L T E K E Z K I T C H E N S P O N G E U
A R X I D O N O E D O L E K C I N Y C N
N I P D T E K K A B R E G A F L L I B D
K C E S I H C N A R F A I D E M E I T E
T K R U S T Y K R A B A W E I V O M O R
O S I A X I S K E E H C Y D N A S Z M W
N T E I M O T T O B I N I K I B M X K A
L A N O I T C I F O C H U M B U C K E T
L R C N O O G A L O O G A M E S Q D N E
W N E R D L I H C E G N O P S A E S N R
E H S I F R A T S E L B B U B G A R Y L
```

Solution on page 116

Chinese New Year

ANCESTORS

ANIMALS

ASIA

ASTROLOGY

CELEBRATION

CHINA

CHUNYUN

CULTURE

DATES

DOG

DRAGON

FAMILY

FIRECRACKERS

FIREWORKS

FOOD

GIFTS

GOLD

HOLIDAY

HORSE

KITCHEN GOD

LANTERN FESTIVAL

LION DANCE

LUNAR CALENDAR

LUNAR YEAR

MONKEY

MYTHOLOGY

NEW

NIAN

PARADES

PEOPLE

PIG

RABBIT

RED ENVELOPES

REUNION DINNER

SHOU SUI

SNAKE

SPRING FESTIVAL

TIGER

TRADITIONAL

ZODIAC

```
Y Y Q S C R P X M P G I A E R U T L U C
U O X L H O A N I H C I W D M A A J G T
G R Z U U V E E R B H S F A R N C S I P
O D N I N N P A Y E L P J T T I I B P K
R W M I Y S A U D R G R D E S M B M U R
I V A O U M R R H U A I R S N A K E E A
N N M N N D A Z C S B N T W R L D N F L
V X Z O Y K D X I A F G U V C S N A A I
A M O I R A E A T E L F W L H I L N M O
H F Z T Y E S Y S K Y E E D D O O C I N
N C I A N R D T C M I S N N R I R E L D
P Z U R S D I E Z K T T O D T A B S Y A
T B S B E V C O N P D I C I A A G T E N
S S U E A W D H Q V N V D H X R D O F C
J A O L I I O M X U E A F C E X L R N E
G G H E A L P R E W R L G B K N O S T H
J Y S C I X P R K T P E O P L E G L S O
I Q N D N O V S G S R E D P A D O O F G
W O A A O G S R E K C A R C E R I F D Z
M Y T H O L O G Y G O L O R T S A Y M H
```

Solution on page 116

Six Flags

ADMISSION

AMUSEMENT PARK

ATTRACTIONS

CALIFORNIA

CHILDREN

COST

FAMILIES

FAMILY ENTERTAINMENT

FOOD

FRANCE

FUN

GAMES

GEORGIA

GREAT ADVENTURE

GREAT AMERICA

HURRICANE HARBOR

LOG FLUME

MAGIC MOUNTAIN

MEXICO

MONEY

NEW ENGLAND

NEW JERSEY

NEW YORK

OBSERVATION TOWER

OVER TEXAS

PRIZES

RAILROAD

RIDES

ROLLER COASTERS

SHOWS

SPAIN

THEME PARKS

TICKETS

WATER PARK

```
F T U L Z W E S I X A S R A D Q K V A C
M M H U R R I C A N E H A R B O R P C O
W U V D U L U X I I Q Q O I B F O K B S
A F B J V G Y N E W J E R S E Y C F P O
T N E M N I A T R E T N E Y L I M A F Q
E O K Z S N O I T C A R T T A W I F K G
R I M R M L M S L E V L Z T Z N Q D H K
P S E O L A G R E A T A D V E N T U R E
A S O L S O G S T Z D V O A E E E A F T
R I Q L A A G I E C I A M C K M P S H Y
K M A E X I O F C I F R O I I T H E U E
H D S R E N S A L M L K P R N X M Q C N
Q A H C T R T I S U O I B E L E E N X O
C S V O R O E G H C M U M M P I A M X M
U O W A E F K R O Y W E N A B R A R M Q
G E S S V I C O W Y S L R T F U N R K V
R U S T O L I E S U B K O A A V T C K G
G A M E S A T G M I S O S E D I R Z U C
V O B R O C P A C H I L D R E N N B N J
V W B S U R I B N E W E N G L A N D C Z
```

Solution on page 116

Artistry

```
C A L D E R E P P O H W V M A V K T U H
O L C E E H E X H I B I T R A W Z R S H
D O H A O X J V V M R E L T S I H W O H
F H Z A N M P E O Q G F R O N T I E R G
O R Z U O V Z R V L N C U B R G N T T R
L A N D S C A P E R U T C E T I H C R A
K W E U T N B S E S H T A N E L B O Q N
F R W B E Y E T M W S L I T L B H D P S
N K Y O M C S G E L I I S O Y E U H W E
P Y O N S E N S M S R N O N N R O O T L
D R R F W I T A M G E H R N O T H S O A
Z E K O T U T I S T C W P C O S I S K D
M B R N T E T H H S Y A K G Y T C V H A
N K I U R S O C T E I W R R R U S I T M
E A L I T W I Y T N E A O A L A O S O S
P P A R I L L H T L P M N P Y R D U R C
V L F N Q E U E L H R G T E S T P A O P
S V G C H S R C Y A Z U Q Y R E L L A G
Q F C G B S J T C A R T S B A P O P V Z
U K X T I Z T C R E A T I V E R J C Q A
```

ABSTRACT

ANSEL ADAMS

ARCHITECTURE

ARMORY SHOW

ARTIST

AUDUBON

BENTON

CALDER

CANVAS

COLOR

CREATIVE

CULTURE

EXHIBIT

EXPRESSION

FOLK

FRONTIER

GALLERY

GILBERT STUART

HISTORY

HOPPER

LANDSCAPE

LICHTENSTEIN

MATERIALS

MODERN

NEW YORK

PAINTERS

PAINTING

PHOTOGRAPHY

POP

REALISM

RENAISSANCE

REVOLUTION

ROCKWELL

ROTHKO

SCHOOL

SCULPTURE

SHOWING

SOUTHWEST

STYLE

VISUAL

WARHOL

WESTERN

WHISTLER

WYETH

Solution on page 117

Toys

```
M D R Z I T R A I N S K C O L B Q V C C
H Y T T U P Y L L I S D X E U I Z D R Y
G G D N N E X E R C I S E I R E T T A B
V I D E O G A M E H A C L V S K M L E A
H R R M L S A A P F Q D D T E I C V B B
L L D N E K Q T E S I R U E N L I O Y J
O A N I A R S T N N G F T J W T O D D N
I N C A R X Y E G A F O W Z C O W P D E
B O G T N S F L L E S W L A T S O S E I
L I N R I U Y Z D B B Y R N T W E D T N
W T I E N O B A R B I E D O L L S S E J
J A H T G G N M D C T T R A Z O E X U N
N C T N E I N F H N H Y C Z D M C M L E
T U Y E M L T I I H S I U E A J P N C R
R D A A M N C J Y G N P L G L R X R I D
E E L P E L A I C A U A D D O L N L T L
T S P S P C I M H O L R H P H T O Y S I
V F E J K H U C W E A P E Q O O K C A H
F R I S B E E S G O V Q J S N B O J L C
P Q C G G M J O B A L L S T E P N D P A
```

ACTION FIGURES

BABY

BALLS

BARBIE DOLLS

BATTERIES

BLOCKS

BOARD GAMES

BUILDING

CHILDHOOD

CHILDREN

CLAY

COLLECTIBLES

DEVELOP

EDUCATIONAL

ENTERTAINMENT

EXERCISE

FRISBEE

FUN

GIFT

GIRL

INTERACTIVE

JACKS

JUMP ROPE

LEARNING

LEGO

LINCOLN LOGS

MATTEL

MECHANICAL

PETS

PLASTIC

PLAYING

PLAYTHING

PRESENT

PUZZLES

SAFETY

SANTA

SILLY PUTTY

STORY

STUFFED ANIMALS

TEDDY BEAR

TOYS

TRAINS

VEHICLE

VIDEO GAME

WOODEN

Solution on page 117

Ice Cream

```
F T S E J F R M Q Z K S N U S S A W K Q
F S D N W S T R A W B E R R Y T C S R H
L Q K O A S O F T S E R V E H R O T W D
R E A C N C B R A I N F R E E Z E R S U
U F M R U I K T R E A T P A P B B E E G
J R O A U R C H U R N S M W R A I J Y F
H O N G R N T M K V D Y Y E S R L C M S
C Z L U H A W M A N J P H K R B B W H O
E E F S E T C N A E E S I E P A R L O R
H N R U T I I S Z E R N H W K N F Q P B
C D O N S L M H R F R C O E Q A D I J E
O E Z D L O T J U O Y C D O B N E S I T
J S E A X P Q D B M V A E E P A L M U B
J S N Y U A G B D A L A G C P S I O A P
P E Y J X E I T S A K L L H I P C O U E
F R O Z E N C U S T A R D F C L I T D N
Y T G Z S O M K U E I R L U A I O H U K
M Z U W H M A B S G N I P P O T U T W F
V A R V E N D O R S C O O P W H S I D H
Z D T R S F E O S K O S C A K E P O L W
```

BAKED ALASKA

BANANA SPLIT

BASKIN ROBBINS

BEN AND JERRY

BOWL

BRAIN FREEZE

CAKE

CARAMEL

CHERRIES

CHURN

CONES

CREAMY

CUP

DELICIOUS

DISH

FLAVORS

FREEZER

FROZEN CUSTARD

FROZEN DESSERT

FROZEN YOGURT

FUDGE

ICE CREAM TRUCK

LICK

NEAPOLITAN

NUTS

PARLOR

PIE

SCOOP

SHERBET

SMOOTH

SNACK

SOFT SERVE

SORBET

SPOON

STORE

STRAWBERRY

SUGAR CONE

SUMMER

SUNDAY

TOPPINGS

TREAT

TUB

VANILLA

VENDOR

WHIPPED CREAM

Solution on page 117

Abracadabra

ABRACADABRA

AIDE

ASSISTANT

BALL

BIRD

BLACK

CARD TRICK

CHAINS

CONJURE

DISAPPEAR

ESCAPE

FAKE

FLOWERS

FOOLED

GLASS

HAT

HOUDINI

ILLUSION

LOCKS

MAGICIAN

MONEY

MYSTIFY

PERFORM

PRESTO

RABBIT

RINGS

ROPES

SCARF

SECRET

SHOW

SLEEVE

STAGE

STOOGE

STUPEFY

SUPERNATURAL

SWIFT

SWORD

TWIST

WAND

WHITE

WIZARDRY

```
M U Z S M S P K N V L K X G Y S O P H L
B F C E V R I V X X H P L I F Q S V A F
Q D M U H D N Y W L A H F P E E G H G Y
N R T E R L Z Y F I T S Y M P X J P R W
I T P R E S T O R I N G S A U W Q P A I
B I J E G O O T S K U W C I T H E N B F
A V M L T L X O L T O S O P S I D R O J
B S R T E R C E S R E D A N C T I R O M
H B T D S D G C D D I S A P P E A R I L
G Z A O S R L K V L S I U L H R G N L B
H J X H P T A D L Y C R A B B I T A T B
S F O O E C S U I I A I R A R H B K T B
B W F U R W S O G T R S D Q A W C A S S
E I L D F I S A S G F A E S I I O N I L
V Q T I O B M W Q P C L K P R Z N X W M
E M X N R A S N I A H C O T O A J V T U
E X A I M X S O R F O F D W A R U D A R
L T X K C A L B V L T R A O E D R Q H Q
S U P E R N A T U R A L D K P R E Q I U
T H L B D J E N F C T M O N E Y S A I K
```

Solution on page 117

Bugs Bunny

```
H Y Y J E H Z G R A Y P Z A D N T O Z V
A E T C H U C K J O N E S Y C E Z F P R
K A O E S K I D S Q H E M L L S T K O C
E R C A E E D E Z L F E L E R S K M R A
I S O B N W M O S I L Z V E K C U A K R
G A D W U I T S C B V I H Q U H B F Y R
Q N Z K T C C T L X S T L D T B Y X P O
D I A E Y E I A U I O D Y H I J L O I T
U M S W E O N F O R N F D T Z E L J G S
S A V P N C R N B Z F T H U N T I N G Y
M T F A O W K R O A Y O T L F Z S O Q L
S I L T O S E I D O L E M E I R R E M V
D O V E L N H M Z E T T E X A V E R Y E
Z N X R R Z R E T C A R A H C N K M C S
G U I A D T A S M A N I A N D E V I L T
H O W H T Y I J S M A J E C A P S H N E
Y H G D M E N B W F M T R A M S X P C R
C H I L D R E N B P O P U L A R E P T A
J S G I O V E T U A P R M L E N N U T O
E L H W J I Q R H B W G C O M E D Y I G
```

ANIMATION

BUNNY

CARROTS

CARTOON NETWORK

CHARACTER

CHILDREN

CHUCK JONES

CLASSIC

COMEDY

DAFFY DUCK

DOC

EARS

ELMER FUDD

FICTIONAL

GRAY

HUMOR

HUNTING

KIDS

LOONEY TUNES

MEL BLANC

MERRIE MELODIES

POPULAR

PORKY PIG

RABBIT HOLE

SILLY

SLY

SMART

SPACE JAM

SYLVESTER

TASMANIAN DEVIL

TEETH

TELEVISION

TEX AVERY

TUNNEL

TWEETY

WABBIT

WARNER BROTHERS

WILD HARE

YOSEMITE SAM

Solution on page 117

Party Time

```
X W F L W O B R E P U S N O O L L A B S
E K A C V O L D W S N O I T P E C E R R
L I A T K C O C I G N I C N A D Q O E E
P O L I T I C A L N W O F A M I L Y C M
O Z T T F P K I S D N E I R F E T I R A
E T U E Y G P K S W Y E D T U R Y R E E
P S G N I T A E F U G X R D A E E T A R
H R T X C H R I S T M A S P I T Q N T T
D E X N O I T A R B E L E C A N I E I S
Z Z M I E H Y D P E N S B E E R G V O O
G I F T S M R G G Y I E T Q F I T E N C
Y T R A P G N I M R A W E S U O H Y X I
X E Q H S I E I P Y A D X W O G P P N A
X P M E K G X R A C T D H F O H H R A L
E P M N U E U O O T A M U T Z L Z I L I
U A I E R S B Q R I R N S A R H L V C Z
G R S N O I T A R O C E D S T I T A O I
D T N O S R E G A N E E T L E I B T H N
S P C O N V E R S A T I O N E P O E O G
K V N Y B K F B E V E R A G E S R N L V
```

ALCOHOL

APPETIZERS

BALLOONS

BEER

BEVERAGES

BIRTHDAY PARTY

BLOCK PARTY

CAKE

CANDLES

CELEBRATION

CHRISTMAS

COCKTAIL

CONVERSATION

DANCING

DECORATIONS

DINNER PARTY

DRINKING

EATING

ENTERTAINMENT

EVENT

FAMILY

FRIENDS

FUN

GAMES

GIFTS

GRADUATION

GUESTS

HALLOWEEN

HOST

HOUSEWARMING PARTY

INVITATIONS

KEG

MIXER

MUSIC

PEOPLE

POLITICAL

PRIVATE

RECEPTION

RECREATION

SOCIALIZING

STREAMERS

SUPER BOWL

SURPRISE PARTY

TEENAGERS

WEDDING

Solution on page 117

Beautiful

ADORABLE

ALLURE

APPEARANCE

ARTISTIC

ATTRACTION

BEAMING

BEAUTIFUL

BEAUTY MARK

BEEFCAKE

BLUSH

BRIDE

CAPTIVATING

```
A V B P M M Y O Z P C A T W A L K C A U
C H K R A M Y T U A E B R B I C M Y L V
S G O T F F P R P U E K A M L L T L S O
C F F M G R E T L G C P M A D G G E E J
U N B L E M I S H E D G S Z T O Y V K X
L G Y T R V T I C U P S X F R E K O G U
P K T L A R N N E F E B R G E R U L L A
T Y A T I K A T T C Z A E M O S D N A H
E G I K S R T R N U O U E C A R G M H
D N I W A K T I A I U J M Y F L E D O M
G N V E R K R G E S O M A A U C P C U C
G V P F T P A U G T F W C B I B A W R B
N P I A I S C I A N N A E L J D L K E K
A A I C S V T N P U I A I W O B E U E H
D V E E T M I G R X U M G R E R T N S D
C Z R L I B O R H T T R A E H I T Z K H
H D V R C G N L I P T B N E L D E W S H
Y N R O L L V F B C L O M E B E N L J T
P O S E D Y U S S E L T O P S M I L E P
R N G W A L Y B H T W A I A V F D Y D D
```

CATWALK

CLASS

CLEAN

DRESS

ELEGANT

EYES

FACE

FAIR

FORM

GLAMOUR

GORGEOUS

GRACE

HANDSOME

HEARTTHROB

INTRIGUING

LOVELY

MAIDEN

MAKEUP

MIRROR

MODEL

PAGEANT

PALETTE

POSE

PRETTY

PRINCESS

PURE

RUNWAY

SCULPTED

SMART

SMILE

SPOTLESS

STRIKING

UNBLEMISHED

Solution on page 118

Music Show

ACOUSTICS

ACTS

ADRENALINE

AMPLIFIER

AUTOGRAPH

BAND

BASS

CHEERING

CLASSICAL

CONCERTO

CONCESSIONS

CONDUCTOR

COUNTRY

DANCING

DRUMS

ENCORE

ENERGY

EXCITEMENT

FUN

INSTRUMENTS

JAZZ

JUMPING

KEYBOARD

LIGHTS

LIVE

MUSICIANS

OPERA

ORCHESTRA

PARKING

PERFORMERS

PHILHARMONIC

PIANO

PLAYLIST

ROW

SCREAMING

SEAT

SHOW

SINGER

SOLO

SPEAKERS

THEATER

TICKET

TOUR

VENUE

VIOLIN

```
R T K C E O I L M S F G V Q X G G U N X
W M H F P V E N U E R Y G R E N E E B S
X X L E L H I Q S F O O S F I I E M E H
Y E S R A O C L I R I C T K U C C S B O
H T C O Y T H I C H R V R C K N B R P W
M F Y C L R E H I E J A D B U A S E K H
X M T N I O E R A O P P J P N D R M V B
Q X M E S S R M N H B M H D R A N R O W
B I P L T K I Z S N O I S S E C N O C W
E D L R Z N N E N I L A N E R D A F C T
L R A U G V G A G H N M C O U N T R Y T
K A H H S R E K A E P S T O U R S E A T
D O U I N S T R U M E N T S U Q H P O Q
D B T T N E M E T I C X E Z J S Z K T Z
R Y N T O O J B A K I B Z U N L T V R L
U E I O N G Q U C J A A M P L I F I E R
M K G I F U R O T S J P J C D G S O C L
S Q C N J C L A S S I C A L Y H V L N S
V X W P I A N O P N T E K C I T E I O N
M B I U B S P X G H T W I T V S S N C H
```

Solution on page 118

Day at the Zoo

```
C Z W T N Y M S P J N N C T S K C Y S S
S O E V R U N S E Z X Q Q R C V Y H E W
E O M Z E A H N O I T C E L L O C L C T
A L Q U T D I S S Y A P E N G U I N S M
L O H N A L P N B G E E G G X T S T E H
S G G G W E P R E E F O O D P E L N D I
E Y I N C T O S K R R H I E F C A O I J
K S E I I N P O G I S O R F S C M I R B
A G E K X T O Z L X I Q A R A S I T C Z
N S O L N Z T L A C T R A P T A N A O E
S H Z A A O A E R I I E T U M N A C K O
R O E W C S M I P G B I D S U D C U Z K
A W B R E A U U S R V Y L W I I I D W W
B S R Q U L S N A I R A N I R E T E V C
D Q A F T S O L T E M I R L A G O O H Y
Y H S F E I O Y G M K S G D U O X E C L
S R A E L P Q L A A R Z G L Q I E T X I
F I R N Q W G M C H A B I T A T S R D M
Q T C H I L D R E N P A N D A F R I C A
B E M O W N C G A T E W J H S I F U N F
```

AFRICA

AQUARIUM

BARS

BRONX

CAGES

CAPTIVITY

CHEETAH

CHILDREN

COLLECTION

EDUCATION

ENCLOSURE

EXOTIC ANIMALS

FAMILY

FISH

FOOD

FUN

GIRAFFES

GORILLAS

HABITATS

HIPPOPOTAMUS

LIONS

MAMMALS

MONKEYS

PANDA

PARK

PENGUINS

PETTING

POLAR BEARS

REPTILES

RIDES

SAN DIEGO

SEALS

SHOWS

SNAKES

SPECIES

STUDY

TRAINERS

TREES

VETERINARIANS

WALKING

WATER

WILD

ZEBRAS

ZOO KEEPERS

ZOOLOGY

Solution on page 118

Mickey Mouse

```
D P H P L A S Y M B O L H P A B S D O T
X A L A N I M A T I O N U F T A I L D E
C R X F Q K S H Y I T R A D E M A R K B
X A Z H C C E I F E A C Z T I L O O M I
U D R W O M S V O D F U H V P U C W I A
U E S T E A M B O A T W I L L I E Y N M
W W V P O P A B G C L U B H O U S E N J
E H A A D O N A L D D U C K C W E N I E
B R I P F A N T A S I A S T R O H S E X
K J R T B U L C E S U O M Y E K C I M K
C P O E E X Q E H D C A T N D J H D O O
C I U X B G W S H A I O B O R E K S U Z
A D N C H T L L E U R S M C B R M U S H
K R D H I X C O M I C A N I M A L O E R
R A E I S L R R V L V U C E C T Q M C A
D W A L T D I S N E Y O T T Y S V A Q L
L I R D O T U L P K S S M E E L T F M U
U N S R R A T A L U V Y B Y I R A R I P
H G Q E I H U I T E L E V I S I O N I O
C U N N C C C T P U H I R K I M P H D P
```

ANIMATION

CARTOON CHARACTER

CHILDREN

CLUBHOUSE

COMEDY

COMIC ANIMAL

COMIC STRIP

CUTE

DISNEY WORLD

DISNEYLAND

DONALD DUCK

DRAWING

FAMOUS

FANTASIA

FUN

GOOFY

HAT

HISTORIC

ICON

MASCOT

MICKEY MOUSE CLUB

MINNIE MOUSE

MOVIES

PARADE

PLUTO

POPULAR

ROUND EARS

SHORTS

STAR

STEAMBOAT WILLIE

SYMBOL

TAIL

TELEVISION

THEME PARK

TRADEMARK

WALT DISNEY

WHITE GLOVES

Solution on page 118

Christmas Time Is Here

ANGEL

CANDLES

CANDY CANE

CAROLERS

CAROLS

COAL

COMET

COOKIES

CUPID

DANCER

DASHER

DECORATIONS

DONNER

EGGNOG

FAMILY

FEAST

FROSTY

GIFTS

GIVING

HAM

HOT CHOCOLATE

LIGHTS

LOVE

MUSIC

NOEL

NUTCRACKER

ORANGES

ORNAMENTS

PRANCER

PRESENTS

RUDOLPH

SANTA CLAUS

SLED

SNOW

STAR

SUGARPLUMS

TANNENBAUM

TINSEL

TOYS

TREE

TURKEY

WASSAIL

WRAPPING PAPER

WREATH

```
C Q M H N G W T A F S L N Z W N E R V G
D M O E I I L I G H T S O R A N G E S X
R W U Z A Z A W E T A E S I O O S K J L
N S E S S S Z A A L R I U D I P U C I P
D N L G I V I N G P A K A R E C N A D I
X N R O Y C N L K I W O L Z E I S R D H
K Y J G R E V O Q W R O C I B S Q C O P
N E X E N A C Y D N A C A U A B E T C L
L K X B S F C H V K P Z T W E O C U O O
L R A F A M I L Y Z P P N W V H D N M D
F U G S L Y U S N O I T A R O C E D E U
M T V C T E R L E G N A S C L W R G T R
W O N S A N S F P I G E O T A D G R D F
C D O Y C R E N H R P L R E N N O D A S
P R E D U A O M I J A R E Q O E D H S Z
F P L L S B N L A T P G A G G W S L H J
X Y Y T S F D O E N E F U N Y I S E E M
A Z E R R Z R G V R R Y I S C Q F M R S
R Z I E A I A T O Y S O C W R E A T H P
D W K E N R B T E N O X O P P H R S S B
```

Solution on page 118

I Am Amused

BEAMING

BUOYANT

CHEERY

CHUCKLE

DANCE

DELIGHTED

ECSTATIC

ELATED

ENLIVEN

ENTERTAIN

EUPHORIC

EXHILARATED

FESTIVE

FROLIC

GAY

GIGGLE

GLAD

GLEEFUL

GRIN

HAPPY

JAUNTY

JOLLY

```
Q H V G G L I Y K W D A W M C P P X C U
D S M F U L T D Z F E B T W I N K L Y E
E E N N U N E L E Y T F A N T M M V A J
X A S L U K S E W T A W E L A T E D M Y
U P H A P P Y M F T R E O D T Y U R X K
M X J I E S S C I U A A N E S Z O H R L
I E V V U L H F G L L A E T C J R U Q Y
W F V O E U P H O R I C C H E H O V B N
C J Y J C O E I J U H N J G T R E L S W
L O U K Z Z P G Y L X Y G I I H T E L R
J S L H E C N A D J E D F L Z E G A R Y
R E V E L N G D E Y O J R E V O U I I Y
H D L U F H T R I M F U U D S G R L L N
G I G G L E D P F U P R V B H T A E R T
G N K M B A Q R S L R L O I I N I R G E
O A I C R E N L I V E N N L S L I V R V
O G U M S J H F T T T G Y H I M A F E Z
C C G L A D T P A M T X R E K C I N S O
N J J H Y E Z L S F I O G O P D X R T X
P X X Y D A B W D N T Z L U K L N S K O
```

JOVIAL

JOYOUS

JUBILANT

LAUGHING

LIGHTHEARTED

MERRY

MIRTHFUL

OVERJOYED

PLAY

PLEASED

REVEL

SATISFIED

SMILING

SMIRK

SMUG

SNICKER

TITTER

TREAT

TWINKLY

UPLIFTED

Solution on page 118

Keep Busy

ACTIONS

ACTIVITIES

BOOKS

CLEAN

COOK

DANCE

DATING

DINE

FAMILY

FITNESS

FRIENDS

GAME

GOALS

GYM

HABITS

HOBBY

JOG

LEARNING

LIFE

LIST

MEDITATION

MORNING

MOVIE

MUSIC

NEWSPAPER

OUTING

PHYSICAL

PLAYING

PRODUCTIVE

PUZZLES

RUN

SCHEDULE

SPORTS

STRETCH

STUDIES

TALK

TASKS

THINGS

TIME

VIDEO

VISIT

WALK

WORK

YOGA

ZUMBA

```
L B U K B J Z G P G V M U S I C B C R B
U E T I L Q W Z E X N Z E V T T P G B C
S E A Z H C T E R T S I W I F R J C O I
Z U S G A M Y O O K D X T S B Z O H O J
P P K A L U C S E U N H G U F U P P K M
F R S M Z Z R A T D E N J A O M M Z S X
R O O E Q G B S X L I L T S L B V F V V
H U G D I K N M A H R V U S D A T I N G
H Y N C U T O C T S F J D D I W I T C A
W H I M F C I D G N I N R A E L M N B F
N J Y K K S T V K N A E L C N H E E I J
P E A I Y J A I I C B W I U A C C S P C
W B L H W L T M V T A S R V D T E S S K
S G P O C I I G B E C P N B O Q S P L F
G H R B Z L D K N F T A U O S M Q A A K
R K T B J I E M Z I W P U Z I T T M O L
Y Y V Y N F M J S S N E Q N Z T I O G A
Y E O E P E G I P G G R N Q M L C B T W
J G R V N K V Q M M H Z O T Y Q E A A N
A K S L Z B Z Z A D G D G M G M O S R H
```

Solution on page 119

Disneyland

ADMISSION

ADVENTURELAND

AMUSEMENT PARK

ATTRACTIONS

AUTOPIA

CALIFORNIA

CASTLE

CHARACTERS

CHILDREN

CROWDS

DISNEY WORLD

ENTERTAINMENT

FAMILY

FANTASYLAND

FIREWORKS

FOOD

FRONTIERLAND

FUN

GOOFY

GUESTS

HAUNTED MANSION

HOTELS

LINES

MAGIC KINGDOM

MAIN STREET U.S.A.

MEMORIES

MINNIE MOUSE

MONORAIL

MUSIC

ORIGINAL

PRINCESS

RESORT

RIDES

ROLLER COASTERS

SHOWS

SLEEPING BEAUTY

SMALL WORLD

SOUVENIRS

SPACE MOUNTAIN

SPLASH MOUNTAIN

THEME PARKS

TICKETS

TOMORROWLAND

VACATION

WALT DISNEY

```
D L R O W L L A M S K R A P E M E H T R
H A I N R O F I L A C N O I T A C A V I
E F A M I L Y E N S I D T L A W J U N D
L I N E S L E T O H R E S O R T T O D E
D N A L R E I T N O R F I R E W O R K S
D M O D G N I K C I G A M E C A S T L E
I C Y I D K R A P T N E M E S U M A C I
S R E T S A O C R E L L O R V J S D I R
N O F C U N E R D L I H C Z X U S V S O
E W X L U A A I P O T U A T T F R E U M
Y D I F T N E M N I A T R E T N E N M E
W S T S E U G B D O O F E L I O T T P M
O R I G I N A L G E O R L N C I C U R O
R S P A C E M O U N T A I N K S A R I N
L S O U V E N I R S I N V J E S R E N O
D N A L Y S A T N A F P U Q T I A L C R
X E S U O M E I N N I M E A S M H A E A
T L A T T R A C T I O N S E H D C N S I
Y F O O G M T O M O R R O W L A N D S L
I F N I A T N U O M H S A L P S W O H S
```

Solution on page 119

Ocean Wildlife

ABALONE

BACTERIA

BARRACUDA

CARP

CEPHALOPODS

CLAMS

COPEPODS

CORAL

CRAPPIE

CRUSTACEAN

CUTTLEFISH

DIVER

DOLPHIN

EEL

FLOUNDER

FLUKE

GOBY

GOLDFISH

GRUNION

GUPPY

HUMPBACK

JELLYFISH

KELP

```
H H K W U S B W F R S P G D J J Z X Z A
R B R C A K D P X L B E L O B S T E R L
F F E R A S O R S P O S S D L F M Z B K
U X P A N B L I E P F U B R L D W A B E
W Y P P U G P O S H O A N U O O F B P U
J P A P W A H M N A C N K D N H Z I R E
B O N I A Z I U U T R E G N E V A C S J
J R S E L B N B E H U D I E H R S E E H
B P C C R P A R O Y S M I P S U H L S C
K O A O U F I L N B T I R N L T L K Y C
F I L R S A I C O T A A F I E Y K E L P
P S L A A O O E I N C R T E F M L D F D
M E O L H P E N N N E U R I L L K P S U
I R P S E L T R U T A E S A O T Q O M E
R W S P Y R A U R N N H E W C D T U A Z
H G O B Q E W Z G R B C T S I U S U L M
S D O P O L A H P E C A A V O S D G C Q
S G L E R E K C A M I C E Y E L L A W A
B T O V F E D E H L M R K L N O E X E I
J I W K V O R A N G E R O U G H Y F G Z
```

KILLER WHALE

LOBSTER

MACKEREL

MINNOW

MUSSEL

NAUTILUS

ORANGE ROUGHY

PORPOISE

SARDINE

SCALLOPS

SCAVENGER

SEA TURTLES

SEAHORSE

SHRIMP

SNAPPER

SOLE

SPONGES

WALLEYE

WALRUS

YELLOWTAIL

Solution on page 119

Healthy Salads

```
N B W E U T K M X S H T Q K K X T S Q Z
U T P T T K S I Y N O W G B P S U A Z W
J F P V P Y V H D A P G E O E C B Q G P
C U R L M U X H S E S E E H C J M B Q S
H W O L I Y D T P B T P Q M A R D N T F
C E L E R Y F P F S H E I A N I R C W D
A Q I C H V E R F Y W Z N N T C A W O T
T F V U S R U T E D I Y E S A R L O N S
O V E T A I N K T N R K Z Z R C F B I P
M Y E T T A R O A S C A Z O Y A H I O F
A U I E I U W S T I L H T H E D L U N Z
T Q S L T F E J H U O M N S T N L J S M
O M A H E M X C G D O M B I U O F H U C
A T C G R V F U A U N R A D N M X O D Y
I B Z A Z O R C C R W Q C A A L S S U B
G B P L I A O U Y U A Z O R E A N U T L
C O U O X V R M A H L N N Y P P I E G G
Y I J B A F L B M G N U C C E P Q L D P
P K G N I S S E R D U R F H X L I A L D
V V I N A I G R E T T E N S T E A K P Z
```

ALMOND

APPLE

ARUGULA

AVOCADO

BACON

BEANS

BEETS

CARROT

CELERY

CHEESE

CHICKEN

CROUTON

CUCUMBER

DRESSING

EGG

FETA

FRENCH

FRUIT

HAM

ITALIAN

KALE

LETTUCE

MUSHROOM

MUSTARD

OLIVE

ONION

PARMESAN

PEANUT

PECAN

PEPPER

RADISH

RANCH

SEAFOOD

SHRIMP

SPINACH

STEAK

TOMATO

TUNA

TURKEY

VINAIGRETTE

WALNUT

Solution on page 119

For Sure

```
K M O F B U J R Z F A L H R Q V O P N K
O T H C P O S I T I V E X P L I C I T T
E E V I S I C E D U U V C E R T A I N Q
S L R E L I A B L E R K W D A W I U E K
O B B T G N G R P R E D E S T I N E D Z
N A L A C O V I U Q E N U T S Q D T I L
E T P R E D I C T A B L E T U T I U F B
H I I U D E C N I V N O C E O H S L N V
T V N C E S S I Q X C N S E U G P O O N
N E P C V S J E Q X I T B J G U U S C E
O N O A I E U J R T I Z S N I O T B S V
C I I X T R L D S O B L I T B R A A E N
E F N H I P I I N R F T W K M O B O T I
H S T N N X D A U I A O R N A H L K T Y
I T I O I E B A D I L I G E N T E A L D
Z Q V C F L W B V C O N C L U S I V E W
I A C L E A R E L B A D N E P E D T D Q
V I V I D R D E T A F W F C E X A C T Y
K O K C T N P G O V E R T E S T E D V D
D Y L P U O T T L E R T R U S T Y D L P
```

ABSOLUTE

ACCURATE

CERTAIN

CLEAR

CONCLUSIVE

CONFIDENT

CONVINCED

DECISIVE

DEFINITIVE

DEPENDABLE

DILIGENT

DISTINCT

EXACT

EXPLICIT

EXPRESSED

FATED

FORESEEABLE

INDISPUTABLE

INEVITABLE

ON THE NOSE

OVERT

PINPOINT

POSITIVE

PRECISE

PREDESTINED

PREDICTABLE

RELIABLE

SETTLED

STATED

TESTED

THOROUGH

TRUSTY

UNAMBIGUOUS

UNDEVIATING

UNEQUIVOCAL

UNQUESTIONABLE

VIVID

Solution on page 119

Hair Care

BANGS
BEAUTICIAN
BLOWOUT
BRUSH
CAPE
CASHIER
CHAIRS
CLIP
COIFFURE
COLOR
COMB
CONDITION
COST
CUT
DRY
DYE
ELEGANT
EXTENSIONS
EYEBROWS
FASHION
FRIZZY
GEL
HAIRSPRAY

LAYERS
LOCKS
MIRROR
PARLOR
PERM
PINS
RAZOR
RECEPTION
ROLLERS
SCISSORS

SHAMPOO
SINK
STRAIGHTEN
STREAK
STYLE
TEASE
TOWEL
TRIM
WASH
WOMEN

```
W M N O V B B N Y M Q F W L P U U B P E
F I T D A V U W G U E G P E R M I R T K
T D U C H L G O M Y G I V G F H L H M D
E Y O N A R C W I W L P W A W H O X A A
A G W O I P O T D C U E M K C Q Q J W N
R P O I R S E L X C Q F W R C U H U Y G
L L L T S B R W L A O P E O O P H X D L
I F B P P E A I T E S L E Z T S M G P A
U D Y E R G A R A E R F O A U B N P I Y
K Y L C A Q F C A H L S O R C L L L N E
Y N O E Y U A B Y P C Y B T O N O U S R
R V Y R C S T R A I G H T E N L V T L S
L Y R A H O O I S K N N L S N A R J H Y
I W K I P R N S C O I F F U R E G A Q E
Z Z E W R H O D I I H K H S A W M E P S
Y R D I E R A H I B A A N K I P V O L A
C O M B S C S E X T E N S I O N S O W E
X J Q A K A S Y Z Z I R F O S P C O S T
I S X H F X E Y E B R O W S Y K L Y Y J
I A E J J B Y F P O B A N G S T F I P U
```

Solution on page 119

Animated Cartoon Characters

```
N P E B B L E S R E C A R D E E P S P P
A O G N A M O W R E D N O W E L I N U S
M R U F O G H O R N L E G H O R N D Q C
T K M R D N U O H Y R R E B E L K C U H
R Y B E I R N D L K Y T L R K I P E I E
A P Y D L K D Y C C R A B E D S A L C C
C I O F Y C E W D U R C B N D A N B K K
H G S L O U R O A D E E U N U S T B D L
O M E I E D D O F D J H R U F I H U R E
M I M N V Y O D F L D T Y R R M E R A A
E C I T I S G P Y A N X E D E P R Y W N
R K T S L I V E D N A I N A M S A T M D
S E E T O A O C U O M L R O L O L T C J
I Y S O Y D E K C D O E A R E N I E G E
M M A N M F S E K P T F B L M E I B R C
P O M E G E O R G E J E T S O N Z F A K
S U D Q Y L H O O P E H T E I N N I W L
O S R E P S A C G W I L E E C O Y O T E
N E S U O M Y T H G I M R M A G O O A P
N A M R E P U S C O O B Y D O O B O O B
```

BARNEY RUBBLE

BETTY RUBBLE

BOO BOO

CARTMAN

CASPER

DAFFY DUCK

DAISY DUCK

DONALD DUCK

ELMER FUDD

FELIX THE CAT

FOGHORN LEGHORN

FRED FLINTSTONE

GEORGE JETSON

GOOFY

GUMBY

HECKLE AND JECKLE

HOMER SIMPSON

HUCKLEBERRY HOUND

LINUS

LISA SIMPSON

MICKEY MOUSE

MIGHTY MOUSE

MR. MAGOO

OLIVE OYL

PEBBLES

PINK PANTHER

PORKY PIG

QUICK DRAW MCGRAW

ROAD RUNNER

SCOOBY DOO

SPEED RACER

SUPERMAN

TASMANIAN DEVIL

TOM AND JERRY

UNDERDOG

WILE E. COYOTE

WINNIE THE POOH

WONDER WOMAN

WOODY WOODPECKER

YOSEMITE SAM

Solution on page 120

Friendship

ACCORD

ACQUAINTANCE

ACTIVITIES

AFFINITY

ASSOCIATION

BEHAVIOR

BEST FRIEND

BONDING

BUDDIES

CHILDREN

COLLEGE

COMRADESHIP

CONFIDANT

DEPEND

EMOTIONAL

FAMILY

FEELING

FOREVER

FRIENDS

GROUP

HONESTY

HUMAN EXPERIENCES

IMPORTANT

INTERPERSONAL

INTIMACY

JOY

LOVE

LOYALTY

MARRIAGE

MUTUAL

NEED

PARTNER

PEN PAL

PEOPLE

RESPECT

ROMANCE

SCHOOL

SENTIMENT

SHARING

SUPPORTIVE

TOGETHER

TRUE

TRUTH

UNDERSTANDING

WORKPLACE

```
P U O R G Z E Z S A H E C N A M O R O B
U U B Y E T U T N E M I T N E S U E V K
D T B D C N R C I A D R O C C A T S H V
D H N D O B T V C M S A F S N G Y P S E
E F U E M S J R Y P P S Z W A K L E M E
E L M M R S U U A H L O O E T I I C V P
N W P B A D E P N P O G R C N T M T V R
C K G O D N L C P D V I N T I M A C Y I
C O L L E G E I A O E S E V A A F J S F
Y S N K S P S X H L R R I H U N T V C R
T H E F H T J H P C P T S M Q L T I H I
L A N O I T O M E E C K I T C A S M O E
A R W M P D Y G R A R K R V A P E A O N
Y I Y G Y K A S E F F I Z O E N I R L D
O N S J J E O N S T Q F E Q W E D R Q S
L G N I D N O B T U H C I N A P D I E B
C B E H A V I O R K Y E K N C G U A N I
G N I L E E F O R E V E R B I E B G V G
F U C R D E P E N D N E I R F T S E B D
L A U T U M T R U T H O N E S T Y H M Q
```

Solution on page 120

Folk Music

```
B W C I S U M L A N O I T I D A R T K J
L R O L S N S E F O J R Q P F K O S S C
K X U C A A N Y B I O A J W L V M B R O
P G N S R V A P S T N N B O B D Y L A N
T N T E G O I H T I I A F O A O C H T C
Q I R I E N C V Z D M C N D I N L A I E
S G Y T U O I V E A I I Z Y A A B U U R
P N C X L D S Z P R T R F G R L N A G T
H I U I B K U Z T T C E D U K A L H E S
S S H S X R M C S L H M R T I V R A A Z
H P T R N Y E E U A E A R H M E I R B S
L E O N O L T G K R L P C R T I T M W T
G R M Y E O L C E O L A C I T I L O P F
J F P F R M O Y R E L S R E S G E N R E
Q O A P T R U T R A S W Z T P G J Y I D
M R X C K O D R P I G E S R E G N I S A
U M T L F I H P T N C I T S U O C A L N
G F O T P D A J O S Y S R E R U T L U C
A F N P W A B S O F N P G Z P M P G V E
V R E C O R D S L A V I T S E F P N U Q
```

ACOUSTIC

AMERICAN

APPALACHIAN

ARTISTS

BALLAD

BLUEGRASS

BOB DYLAN

CONCERTS

COUNTRY

CULTURE

DANCE

DONOVAN

ELECTRIC FOLK

FESTIVALS

FOLK ROCK

GENRE

GUITARS

HARMONY

INSTRUMENTS

JOAN BAEZ

JONI MITCHELL

LYRICS

MUSICIAN

ORAL TRADITION

PERFORM

PETE SEEGER

PHIL OCHS

POLITICAL

PROTEST

RADIO

RECORDS

REVIVAL

RURAL

SINGERS

SINGING

SIXTIES

SONGWRITER

TOM PAXTON

TRADITIONAL MUSIC

WOODY GUTHRIE

Solution on page 120

Tom and Jerry

```
T I Y S A O M L V N T O S M G E K I P S
X I X K M P M J F L N J A Y E R P L L F
O U C W H I S K E R S O N T N E L O I V
C I V G N I S A H C A S I V E L T G E M
L O D L O A T C R I T E M S M S H V S T
A Y M U I V N C S S U P A A I T X E A H
S H N I T F E A E U R H T P E V U C Y O
S U M N C S M R V M D B I E S M E R Y K
I M D W U V N T I U A A O K O S L L C C
C O L O R F I O S N Y R N U U A Z A E I
O R G G T R A O O I M B S O V D D I T T
M K I D S S T N L T O E H I M I O N A S
E H V G E H R N P E R R R F P S O R C P
D B T O D O E E X D N A X E S T W O M A
Y C S D V R T T E S I C C Z B I Y F O L
V M A L D T N W V T N Y E M M C L I T S
D B G L Z S E O N A G I F W G X L L Y S
C R I U S P A R T T M E H Y A M O A K L
V H W B M Y R K S E N O J K C U H C E D
C H A R A C T E R S F R I E N D S H I P
```

ANIMATION

AXES

BULLDOG

CALIFORNIA

CARTOON NETWORK

CHARACTERS

CHASING

CHILDREN

CHUCK JONES

CLASSIC

COLOR

COMEDY

COMIC VIOLENCE

DESTRUCTION

ENEMIES

ENTERTAINMENT

EXPLOSIVES

FIGHT

FRIENDSHIP

FUNNY

HOLLYWOOD

HOUSECAT

HUMOR

JOSEPH BARBERA

KIDS

MAYHEM

MGM CARTOON STUDIO

MILK

MOUSE

MUSIC

PISTOLS

PREY

RIVALRY

SADISTIC

SATURDAY MORNING

SHORTS

SLAPSTICK

SPIKE

TELEVISION

TOMCAT

TRAPS

TYKE

UNITED STATES

VIOLENT

WHISKERS

Solution on page 120

Plenty of Food

BACON

BARBECUE

BEANS

BUNS

BURGERS

BURRITO

CARROTS

CEREAL

CHILI

CHOCOLATE

COFFEE

CORN

CRACKERS

EGGS

FIRE

FISH

FRANKS

FRUIT

GRANOLA

GRILL

MACARONI

NACHOS

```
E U R F F V K V Z V T T O E C P K M S V
R C A Y S U E U C E B R A B I M K N B G
K F U J G T Z O C H T Q P A N C A K E S
L D Q B S E O T A T O P R S O H C A N H
U N E S U S S R S I A C A F R A N K S N
D E T L G N N Y R T S H O L A R M I Z S
Z V J J A D Q T Y A T D O L C W F Z D N
X F F C R E E F F O C S N N A W S G G E
J T K O N S S L N I F W N G M T R C O Y
A S C R D N A B K O Y X S I R R E S S N
R P X F P K P U G W C P U O S A K L Z C
C A H G T Q Q R O A S A N D W I C H P W
K A O R A C A G T T A K B R T L A F P I
S I M I C N P E I E I L I H C M R R C F
Y H E L O B X R R R H C P L X I C E S S
M N E L S U F S R S E M S M L X R O F T
M Q A N S R F R U I T O O N X E M L R U
F W U V Y D R I B S D E S E A Z T Y A N
E B K G Q S O X R A V Z W L P E Q G S M
W O P L P D Q M Q E Y J P R G O B S I F
```

NUTS

PANCAKES

POTATOES

RAISINS

RIBS

RICE

SANDWICH

SEALED

SKILLET

SNACKS

SODA

SOUP

STEW

STIR-FRY

TACOS

TOAST

TRAIL MIX

WATER

Solution on page 120

Time to Relax

BEACH

BIKING

BOOK

BREAK

CALMNESS

CAMPING

COLORING

COMFORT

COZY

CRUISING

DAYDREAMING

DINNER

DIVERT

ENJOY

EXERCISE

FIRESIDE

FISHING

FLOATING

FRIENDS

GAMES

HIKING

HOT CHOCOLATE

KNITTING

LAZINESS

MASSAGE

MEDITATION

MOVIE

MUSIC

NAPS

PARK

PEACEFUL

POOL

RECLINER

RESTING

RETREAT

SAILING

SECLUSION

SERENITY

SKIING

SLEEPING

SOOTHED

SUNNY

TELEVISION

WINE

YOGA

```
Z L Z I Q I W D A Y D R E A M I N G O G
G G D X M E I U C S J T A I S P A N H F
X A I P U N I R O L A Z I N E S S I C G
F U V X N F C V L L V G Q J W Y K S A W
O H E E E O C R O W I N E W N I J I E O
G Y R P P A E C R M J I T N N D L U B K
X G T V M C O H I J X H U G M Y C R P Y
S Z N P L H G H N M A S S A G E O C S W
T G I I C A H F G A S I E P O O L J F G
K N N T P F U X L E F F X S P U F R N D
G E O I Z E A B N O V I E F F S I I F E
R H I I T K E M W G A C R E B E I G Q D
E Z S M T T L L E S L T C E N K I N B I
T K I G I A I G S U E A I D S L M I R X
R O V D C G T N S T E R S N C I K T E O
E P E C O O B I K P I O E I G I D S A E
A H L C Z Y O L D Z Q V S N N Q L E K P
T T E U Y N O I E E O U G G I A L R U B
W Y T X X K K A C O M F O R T T A S A H
B B G G A M E S O O T H E D D P Y C J K
```

Solution on page 120

How Funny!

```
Q J H O Q J K I C E H H V G E T O U Q W
U M Z E M S N S V A T Y N L Y L J C S M
B G U R I D Z A D G H I L S R A E T C V
D G X M L G X G S W L I H T O R S O G F
N S S C R L E G D K V O E S T X T E C X
A X R U A R R G C E W L W I S M F K G U
D O Z N G R U I D N E R D L I H C S O F
R C D A C J T U B V F N A N X M G N Y I
V D G P U S A O I B B M O V I E P U O I
G G Y D P V C S O R I D D L E S O P O R
H A S A C Q I E E N M B A M Z C P E F O
U E L E W O R T A M S E I T I D D O B A
E S Z D N T A O V C U L E C R A F P O S
V P E Y A Q C D O I T T L U G M Q L O T
P E T S D A J C I R I O S E H C T E K S
D F N A P O W E C O W Y R O S X T R S E
T N E E K L R N E N T I K S C R Q I E I
L N R E C V A A S Y B T D K I X P T S B
V D S C T S K Y P V Q I A C I T N A O A
L W E D I U Y D U Y K R K Q V O F S N B
```

ACTORS

ANECDOTES

ANIMALS

ANTIC

BABIES

BOOKS

CAPER

CARICATURE

CARTOONS

CHILDREN

CLOWNS

COSTUMES

DEADPAN

EARS

FARCE

FEET

GAG

IRONY

JEST

JOKES

KIDS

MOVIE

NOSES

ODDITIES

PARODY

PEOPLE

PETS

PLAY

PUNS

QUOTE

RIDDLES

ROASTS

SATIRE

SCENE

SHOW

SKETCHES

SKIT

SLAPSTICK

STORY

TELEVISION

TICKLING

TRICK

VAUDEVILLE

VOICES

WIT

Solution on page 121

Animation

ANIMATOR

ARTISTS

ARTWORK

BOOKS

CARTOONS

CEL

CHARACTERS

CHILDREN

CINEMATOGRAPHY

CLAYMATION

COLORS

COMPUTER

DIGITAL

DISPLAY

DRAWINGS

FILM

FLIP BOOK

FRAME

FUNNY

GRAPHICS

IMAGES

INK

MOTION PICTURE

MOVEMENT

MOVING

OPTICAL ILLUSION

PICTURES

PIXILATION

SEQUENCE

SKETCHING

SOFTWARE

STOP MOTION

STUDIO

TECHNOLOGY

TELEVISION

VIDEO

WALT DISNEY

```
W Q Z L G N I V O M L Q U N M D A E I M
C K C A J M I Y C H I H I F P K I H L B
C C S O A H Y T E R T E G R A P H I C S
C K R G P I X I L A T I O N D C F L O O
K D E R U T C I P N O I T O M O A N L F
Q S T N F E I W Z D I S P L A Y K L O T
O K C A L C J C L N E G Z E M A R F R W
E O A C I N E M A T O G R A P H Y M S A
M O R P P E N V T L P I T F E Y S O M R
L B A A B U K N I B I I T D G L T V W E
L C H Q O Q G Y G D O L C O V P U E A Y
P A C T O E O G I N E B L T M T D M L T
P D N M K S M K D F P O R U U P I E T M
S Y G I C A R T O O N S C A S R O N D Z
T K I F M O G N I H C T E K S I E T I V
S G N I W A R D C O M P U T E R O S S Y
I M X T X D T E L E V I S I O N B N N Q
T S R S X I T O F O P F W L V J B N E Z
R A Q O J G N E R D L I H C A A U Z Y Z
A J V R F N J W E Q V Y W D M F L X D P
```

Solution on page 121

Board Games

APPLES TO APPLES

BACKGAMMON

BALDERDASH

BATTLESHIP

BLOKUS

BOGGLE

CANDY LAND

CARCASSONNE

CAREERS

CARROM

CHINESE CHECKERS

CHUTES AND LADDERS

CLUEDO

CONNECT FOUR

COOTIE

CRANIUM

DRAUGHTS

FAMILY

GUESS WHO

HUNGRY HUNGRY HIPPOS

JENGA

LUDO

MANCALA

MASTERMIND

MONOPOLY

MOUSE TRAP

OPERATION

OTHELLO

PARCHEESI

PAY DAY

PICTIONARY

RISK

RUMMIKUB

SCATTERGORIES

SCRABBLE

SENET

SEQUENCE

SORRY

STRATEGO

THE GAME OF LIFE

TRIVIAL PURSUIT

TROUBLE

TYCOON

YAHTZEE

```
K X K F J Z E A G Y R E V Y B L U D O S
S R E E R A C Y N R L D A Y T O N P T E
I R N C H U T E S A N D L A D D E R S N
R G U N H B X R Y A Y O P E H R A O E E
A C T E M I L Q L A P P U S A T P L I T
T A H U O T N Y P O L L A T E P S L R R
B R E Q R S D E N E C D I G I Y V E O O
C C G E R N T O S M R O O H D O P H G U
N A A S A Y M T A E N K Y X C A M T R B
V S M C C J O S D K C R O O R Y P O E L
H S E O L A T L Y O G H N T R A N B T E
Y O O M P E A A O N W N E A R O Q A T L
R N F P R B H T U S E S N C M X L T A B
R N L M P T I H S C U O H M K A Q T C B
O E I X Z E Y E T O I E A C C E I L S A
S N F E Z R U F M T E G D N C T R E S R
D H E L G G O B C S K F A Z B H T S T C
C R A N I U M I I C X M D R A U G H T S
T I U S R U P L A I V I R T F A M I L Y
W H S U K O L B U K I M M U R L Y P V F
```

Solution on page 121

Trick or Treat

```
X D I Y W X P F P C V W W E B S H K F P
Q G S R E D I P S L U O H G V D C L N H
S T N O I T O P I F Y P E E R C O A C I
T L I I N V I S I B L E M A N W B T R T
P L L R B I U L G X K H C F E C A N D Y
T A B E I B G P H O O U Y R E P N I R C
S F O A P P O H R L L R E I W T S V Y P
H W G K P S S B T A E W F G O P H O K C
H S E S U O H D E T N U A H L Y E B I N
O K D I A I Y L E L L K G T L R E Y T S
T E A H R I B M E L P I R E A C N E X I
V L R S C D E R M W R P O N H H O T F Z
F E E E A C T O O E B B A I Y O T Q V A
Y T U R U D O R B O L J N N K C S A G J
Z O Q I L N C O N A M E I G O O B W B O
U N S P D E T E C E M S I S O L M Y L K
Q O A M R C S K A I P N T X P A O D N M
S S M A O L C O F F I N A I S T T B U I
C B C V N A H S E M U T S O C E B E S H
R S R E T S N O M U M M Y I M K L T Q J
```

APPLE BOBBING

BANSHEE

BAT

BLACK CAT

BONES

BOOGIE MAN

BROOMSTICK

CANDY

CAULDRON

CEMETERY

CHOCOLATE

COFFIN

COSTUMES

CREEPY

CRYPT

DRACULA

FALL

FRIGHTENING

FULL MOON

GHOULS

GOBLINS

GROAN

HALLOWEEN

HAUNTED HOUSES

INVISIBLE MAN

MASQUERADE

MOAN

MONSTERS

MUMMY

NIGHT

OCTOBER

PATCH

POTION

PRANK

SCARECROW

SCARY

SKELETON

SPELLS

SPIDERS

SPIRIT

SPOOKY

TOMBSTONE

VAMPIRES

WEIRD

WEREWOLF

Solution on page 121

Cheering

```
N W L F U W Y K P I H S R E D A E L C C
X Z T S E V I T I T E P M O C H E E R M
L K T O C Y W Q T C E S R O U T I N E S
P Z N N X H F U N R A S D R P D S S P A
W I A G N X O A F I A Z V G G M P M U J
T M H T Y H R O S A E C X A I I O O Y K
T J C Q S A R U L A Y T T N R K C P U G
E W F D E M H O M E C O M I N G F F N Z
T V R P A T X V S T B R T Z V L O I I Q
V B P N N O A C S E O E F E J I O A F U
K A C E X U B E R A N C E D X G T X O W
Y E K O L E T M A O I I D V T A B Y R Q
Q R Y T L N Z M H T W F L U P K A T M B
L O S I O M H P E U H D O E O F L I S T
B C M C E H A G S M P L P C D L L S P O
E S V U V G R P B B D P E X M I Y R O R
E Q G E E E L W Z L Y D Y T Y P S A R A
V U M M N I M G N I T I C X E S O V T L
A A T E T S R E N N A B P H Y S I C A L
G D R S S J C E A G I H C M H G M Z C Y
```

ACTIVITY

APPEARANCES

ATHLETES

BANNERS

CHANT

CHEER

COMPETITIVE

CONTEST

CROWD

ENERGETIC

ENTHUSIASM

EVENTS

EXCITING

EXUBERANCE

FLIPS

FOOTBALL

FUN

GAME

HOMECOMING

JUMP

LEADERSHIP

LOUD

MEGAPHONE

ORGANIZED

OUTGOING

PEPPY

PERFORMANCE

PHYSICAL

POMPOM

RALLY

RHYTHM

ROUTINES

SCHOOL

SCORE

SIDELINES

SMILE

SONG

SPIRIT

SPLITS

SPORT

SQUAD

TUMBLING

UNIFORMS

VARSITY

VAULTS

Solution on page 121

Alice in Wonderland

```
Q D C F O T H M M P T H P G Z G B J U Q
N O F T T J X B M V M C N Y G I J Y F P
C O G W Q F A N T A S Y T R A P A E T E
S R R E T T A H D A M B P V F L P A S G
E L O A P L A Y I N G C A R D S C Q I Y
K E W Q L D L M P E A D U C H E S S M T
E H C Z U L A O R S L L N E R D L I H C
M O J I K E I U R T E O E I U A R U J O
K O I R L Y T P W R M O H V S R E P E D
N K C X J A W E R A A S E T O T P K R O
I A Q K R A E O O E E C R R I N A E A D
R H O E T D D F X H T A S B T B S Y H C
D O T E L U I V C F T A B I V S B G H C
B I T E I C R E E O O A C O W F R A C D
L A D T T V H T D N R R M N E E W D R W
L U S I Y T O A L E T C D N C Z L I A H
M O O R H S U M T E S U O M R O D S M X
L N O U Y E N I P U S H R I N K I N G X
R T G R Y P H O N Q O N E E U Q D E R T
S W I S L W W V K K R E A P X T M Y O I
```

ADVENTURE

ALICE

BOOK

CAKE

CATERPILLAR

CHILDREN

CROQUET

DISNEY

DODO

DOOR

DORMOUSE

DRESS

DRINK ME

DUCHESS

FANTASY

FICTION

GROW

GRYPHON

HOOKAH

KEY

LATE

LEWIS CARROLL

LITERATURE

LOST

MAD HATTER

MARCH HARE

MIRROR

MOCK TURTLE

MOVIE

MUSHROOM

NOVEL

OXFORD

PIG

PLAYING CARDS

QUEEN OF HEARTS

RABBIT HOLE

RED QUEEN

SHRINKING

STORY

TARTS

TEA PARTY

THE CHESHIRE CAT

TWEEDLEDUM

WHITE RABBIT

Solution on page 121

Christmas Trees

```
L S W N S C W J K T S U X Y G N B V G A
B V S G E V E R G R E E N Y L I M A F W
H R L E G L A N O I T I D A R T R F O O
B B E P L I A O O K S Y M B O L I S R R
I O S T U D F I S S E H C N A R B N E N
R A N E N E N T X E S U N N P P E O S A
E A I K L I E A S E T U D F A R M W T M
K C T K V D W R C R D E A Y D F J K W E
W N D S D B E B T T O H O L I D A Y S N
U A S P E L U E L S W S I N C Q L K R T
B F T T C S C L N P U H E O C A T A E S
P Y J E O W K E B D C O O S Z H T G E P
I K P X R C J C N S N F R A I P I N E R
T R L N A B K Y A I L A U E D C A I A E
H I A R T I F I C I A L T S F C S V E S
N V S O I Z I L N I F E Y S Y I S I Q E
W U T C O D H W N G C G J D E Y N G I N
S Q I P N E C U R P S N N Y O E O O V T
C G C O S T H G I L S A M T S I R H C S
G J A P X R E B M E C E D L M I R T M V
```

ANGEL

ARTIFICIAL

BRANCHES

BULBS

CANDLES

CANDY CANES

CELEBRATION

CHILDREN

CHRISTMAS LIGHTS

CONIFEROUS TREE

CUT

DECEMBER

DECORATIONS

EVERGREEN

FAKE

FAMILY

FARM

FIR

FOREST

GARLAND

GIFTS

GIVING

HOLIDAYS

NEEDLES

ORNAMENTS

PINE

PLASTIC

POPCORN

PRESENTS

REAL

SANTA CLAUS

SEASON

SNOW

SPRUCE

STAR

STOCKINGS

SYMBOL

TINSEL

TOYS

TRADITIONAL

TREE SKIRT

TREE STAND

TRIM

WATER

WINTER

Solution on page 122

Goofy

ANIMATED CARTOON

APPEARANCE

ARIZONA GOOF

ART BABBITT

BASHFUL

CARTOONS

CHILDREN

CLARABELLE

CLUMSY

COMEDY

COMICS

DAISY

DIPPY DAWG

DISNEY CHARACTER

DISNEYLAND

DONALD DUCK

EARS

FILMS

FRIEND

FUNNY

GAMES

GAWRSH

```
B D Y D E M O C C A P P E A R A N C E C
L I T Q I S P O R T G O O F Y V Y S L O
D S A J P S P V K F O O G X A M U U P M
P N K B H M N Z J V O R O M M O M C U I
H E E L S U P E R G O O F F M S H O S C
S Y S I D I P P Y D A W G Y Y I A E R S
I L A U R H Q G Y C M K E Y L M I B F F
N A W R O F A O E A H K Y D F V O U N E
Y N A N I M A T E D C A R T O O N V O E
Q D L X E Z E M Y I A E R M B N O G I G
O L T S I P O I M S N R B A Y A O G S E
B U D T P O I N N P I N T O C O L V I G
P F I K M T O H A N I A K B F T S D V R
T H S E H S R W A G I W D Y A M E S E O
O S N O O T R A C T O M H Q L B I R L E
T A E K C U D D L A N O D I K D B M E G
U B Y R E T H G U A L I F I T D V I T P
L H C Z S R A E L L E B A R A L C J T Q
P E T E P D N R E P P O H S S A R G G T
V R G O O F T R O O P E M A G O E D I V
```

GEORGE GEEF

GOOF TROOP

GOOFY GOOF

GOOFY HOLLER

GOOFY MOVIE

GRASSHOPPER

HAT

LAUGHTER

MAX GOOF

MICKEY MOUSE

MINNIE MOUSE

MOVIES

PETE

PINTO COLVIG

PLUTO

SPORT GOOFY

SUPER GOOF

TELEVISION

VIDEO GAME

WALT DISNEY

Solution on page 122

Summer Fun in the Sun

```
A U G N I T A O B Y N G R B X F F Y F L
U Y O B I O L A L E M O N A D E I R L T
X B N D S H R U X M Z V X S O F S T S Q
I K D P A B J P K D N A S E W G H S A K
V O L L E Y B A L L L E M B A N I U U E
T T I C B R O L L E R S K A T I N G N E
P U U I B B S B R O Y H C L E D G U X W
D E T B S S X P A F M M H L R R J A W K
T O X C E S P R I N K L E R S A P Y C F
F H T G N I L E K R O N S I P O B C G C
J D U X O S C S D B A E Y C O B C J K H
Z J V M C W Z Z S I S T R L R E I E O T
B Z J O W I E E Y S L F I A T T K V A A
N G S F O M X L A G D S H O S A S H L N
K R O R N M E L C N C N R P N K R L A I
M F C U S I G S W I N G S E T S E T D B
Q Z C K S N M N N P S B H Y T R T V J Q
B T E U U G X C U M C P Q L B A A S I E
J Q R S M Q I H C A E B O M H J W G G E
J E X G A P A D S C A F U P I N C Z W F
```

AUGUST

BARBECUE

BASEBALL

BEACH

BOATING

CAMPING

FISHING

HAT

HOT

JULY

JUNE

LEISURE

LEMONADE

OCEAN

PERSPIRATION

PICNIC

POOL

POPSICLE

RELAX

ROLLER SKATING

SAND

SKATEBOARDING

SNORKELING

SNOW CONES

SOCCER

SPRINKLERS

SUNGLASSES

SWIMMING

SWING SET

TAN

UMBRELLA

VOLLEYBALL

WATER SKI

WATER SLIDE

WATERSPORTS

Solution on page 122

Dolphins

ANIMAL

BLOWHOLE

BOTTLENOSE

CALVES

CARNIVORE

CLICKS

CUTE

DELPHINIDAE

ECHOLOCATION

FAST

FINS

FISH

FLIPPERS

FLUKE

FRIENDLY

FUN

GREY

INTELLIGENT

JUMPING

KILLER WHALE

MARINE MAMMALS

MOVIE

OCEAN

ORCA

PLAYFUL

PORPOISES

SCHOOL

SEA

SOCIAL

SONAR

SQUID

SWIMMING

TAIL

TUNA

UNDERWATER

VOCALIZATION

WAVES

WHALES

WHISTLES

```
R J C G O V C R I S F G S N H U I U X W
R L K Q S K M G T U W N R Y R W U A T F
D B E O J Q E L N I O I Y E Q P B L N H
X R N M C C U D A I O P M H Y S A R E E
E A W N C F E B E R D M M M O M I G G P
R J W B Y R C D C E T U C C I W N F I M
O S Y A W I H A O D G J I N K N K E L A
V J L A D S O B V P T A A T J O G C L Y
I P T A E I L S D E L P H I N I D A E L
N E O V M O O N E S O N E L T T O B T S
R U L R W M C F W A V E S E L A H W N T
A A F H P E A I L E T S A F S Z X F I H
C J O B B O T M I I E M K H R I G R S K
S L C O T V I V E L A H W R E L L I K A
E B T R M U O S T N Q T C V P A F E C Y
K H T S I M N S E I I M S J P C P N I Y
U F N X W B I A Q S O R E V I O D D L L
L I L O O H C S W U C I A K L V L L C Z
F Z J L W N A Y S U I Q V M F C P Y Q Q
S U I P I X Z J A C U D P U P B Z I Z V
```

Solution on page 122

Home Gardening

```
A P O M D L V H M J O S Y L E W Z M T H
L L N C S Q V J P V P O G K X M Z W Z E
T Q T Z W N S T T E R R A C E V N E F C
D P G L G A M O T T G R P L I N E B P L
V X I W C D T S R S G D Y I B Y O O T I
H A J I N S A E P A B M M P U X X T Q T
Q K P A O W L R R E R U T P L U C S S W
D J C X S K E D R I L X Y E S X Y R C D
B S R E N A E U C C N A A R D T C T F Q
U U A I D N T O H T M G B S A F H D R X
R P R E Z I L I T R E F L P L I W G U E
H P R C N O L G A Z E B O O R Q P L I S
S Q E R R S J I M C S M W U H U D O T L
P R U F A I D O N I G E E I N O N V T F
A F U L S N W E P A R T R D V T U E E S
D L Z R O I F V E H A T S Q G I A S R G
E R R P N O K R O W S E T D L E N I E K
C O A O H P P S E J S U O T E A R E N F
N G H Y R S G F B O I N B R L E W N C R
V U A Y P D C I R P U M T P R S S N Y I
```

BLOWER

BUSH

CLIPPERS

COLORFUL

DECK

EDGER

FENCE

FERTILIZER

FLOWER

FOUNTAIN

FRUIT

FURNITURE

GARDEN

GAZEBO

GLOVES

GRASS

HOUSE

LAWN

LIGHTS

MOW

MULCH

PLANS

POND

POOL

PRUNER

RAKE

ROSES

SAWS

SCULPTURE

SEEDS

SHRUB

SPADE

SPREADER

SPRINKLER

STEPS

STONE

TERRACE

TOPIARY

TREE

TRIM

VINE

WATERING

WEEDS

WORK

YARD

Solution on page 122

Care Bears

AMERICAN GREETINGS

BEANIE BABIES

BEASTLY

BEDTIME BEAR

BELLY BADGES

BIRTHDAY BEAR

CARING METER

CARTOONS

CHARACTERS

CHEER BEAR

CHILDREN

COLORS

DOLLS

ELENA KUCHARIK

FRIEND BEAR

FUNSHINE BEAR

GENERAL MILLS

GOOD LUCK BEAR

GREETING CARDS

GRUMPY BEAR

HEARTS

KENNER

KIDS

LOVE

MOVIES

NELVANA

OOPSY BEAR

OOPSY DOES IT

PARKER BROTHERS

PLUSH TEDDY BEARS

POPULAR

PROFESSOR COLDHEART

RAINBOWS

SHARE BEAR

SOFT

STARE

STRAWBERRY SHORTCAKE

STUFFED ANIMALS

TENDERHEART BEAR

TRUE HEART

TUMMY SYMBOL

TV SHOW

WISH BEAR

```
M O V I E S U F L O B M Y S Y M M U T P
R A L U P O P A R K E R B R O T H E R S
O G S G N I T E E R G N A C I R E M A X
S T R A I N B O W S E G D A B Y L L E B
J R I U S A B E A N I E B A B I E S H E
F A S S M R N R C O L O R S R C N D D V
U E T N C P A A T S H P A Y A H A R L O
N H U O H C Y E V S O Z E L E E K A O L
S E F O A H T B B L T F B T B E U C C G
H U F T R I V Y E Y E A T S H R C G R C
I R E R A L S A Q A D N R A S B H N O A
N T D A C D H D T O R D A E I E A I S R
E K A C T R O H S Y R R E B W A R T S I
B E N D E E W T K I D S H T A R I E E N
E N I O R N R R A E B E R A H S K E F G
A N M L S F R I E N D B E A R S H R O M
R E A L R A E B K C U L D O O G U G R E
M R L S L L I M L A R E N E G H N L P T
T I S E O D Y S P O O H E A R T S J P E
R A E B Y S P O O B E D T I M E B E A R
```

Solution on page 122

At the Ball

```
Q P P H S O B E H O J V V Z P T V J L O
K T A U D R C C A L O W A I O G V A M N
N T N I X D D T N A G E L E N P U J G T
A L L E R E D N I C W U E E A G J V E M
S I T I M S F D A A F L T P H B F T E H
W T N Z H N C E L E B R A T I O N T U S
A K R K N N I T C Y V S E R Z I I W E T
G K X I N W Z A H E N R U J U Q Z I C A
V I L E N O R C T O T O M Q U G R R N P
O F L O D G I I I R M A I E Y A U L A B
G F M E P R S T L Z E J T L T M E A D M
N Z X A Z S A S A D A T E I L N A D N D
A U R C N R C I I T E C N S S I R S Y I
T T A R O S Y H C P I G C E D F T G K N
Y R R C G G I P O I I V M S A N S O I S
K C E M C H P O S D S B N N P E E G C B
D D P N F U D S N H L J C I P A H I S W
Y N O G N Q Z R O E S Y V J E T C I R O
B A Q C C I S U M R F L O O R U R V R F
C B H E G H D O O F N I P I A N O U K D
```

BAND

CELEBRATION

CINDERELLA

COTILLION

DANCE

DAPPER

DATE

DECORATIONS

DIGNITARIES

DINNER

DRINK

EAT

ELEGANT

ENSEMBLE

ENTERTAINMENT

ETIQUETTE

FANCY

FLOOR

FOOD

FRIENDS

GOWN

GRACEFUL

INAUGURAL

INVITATION

LAUGHTER

MANSION

MASKS

MUSIC

NIGHT

OPERA

ORCHESTRA

PAIRS

PARTY

PIANO

POLKA

PUNCH

QUINTET

SOCIAL

SOPHISTICATED

STRINGS

TANGO

TUXEDO

TWIRL

VALET

WALTZ

Solution on page 123

Making Beer

AIR LOCK

ALE

AMBER

AROMA

BARLEY

BATCH

BITTER

BOIL

BOTTLE

BREW KIT

CARAMEL

CARBONATION

CASK

COPPER

DISTILLED

DRAFT

ENZYMES

FERMENT

FILTER

FLAVOR

GRAIN

HEAT

HOPS

HYDROMETER

INFUSION

KEG

LAGER

LIQUID

MASH

MEAD

MICROBREWERY

OXIDIZED

PASTEURIZATION

POT

RECIPE

SMELL

SOUR

STEEPING

STOUT

SUGAR

SWEET

TART

TASTE

WATER

YEAST

```
M G I G W K T D Q P H C W O V S S P O H
O A T E S A Y E A S T R H L E M A R A C
L U A P H B R R H E E I N F U S I O N R
L K U K Z Y V C E C M B P R T X I W K N
W F C Y Y E D A E W M L L E M S T A E P
H L E O T O O R B D E L U T G R A I N S
Y T S R L G H B O O B R C A S K D R Z I
X A E T M R I O V M I D B W A V M X Y W
F Q A T E E I N S Z E L I O V E T Z M D
W H E W L E N A A L T T R V R T D Q E C
S K E A S V P T L R S O E C J C M Z S F
T T Z A G S I I U Y A P P R L S I Y P F
H A R T T O T O N C T T P P F D G M Z B
W V R O N S S N N G T Z O K I J S O R C
R E U T I K W E R B L H C X L S W E E T
A T P D R E B M A I O C O B T L I A G E
L W F I A K U R Q T N T A K E G R F A A
K L L A C I L U Q T I A T H R O V A L F
S U G A R E I G C E W B Y L M A S H G H
I H D E Y D R W O R D S G A E I W W W K
```

Solution on page 123

Health Club

```
S R C S D I E Z W K B R S E B D I J R W
K H Y P O A G S Q L G N E G O N B I K L
I M O S J G N A K F R T D C U J Y O G A
H J C W L V I U A M M U I S A N M Y G C
Z M N E E L N C A S R E N I A R T I F I
F Z F I Q R I T M S T Z M A M Z J M N T
X H I G P L A M U V N E J B E I K S R P
A V O H I K R G D O M E A F E L T W U I
A C G T L W T D N A K H X M E R C J E L
N Z Y S A V W W C I E R T E U E S S Q L
A N Z C T S A H E I W R O C R L S H U E
N Z M D E G I D H A K O T W L C W X I M
L Y K P S N H S C I B O R E A E I A P P
W N L X E K T S X G R L B L S F M S M D
R E D S S L L E B R A B C L T O M L E S
X T K E H O A N V O M E Y N R I I O N R
F F K Y K O E T B U Z H C E O D N O T I
T I S K O U H I D P B V L S P R G P Z E
B Z N J T S O F D Z V S E S S A L C A I
V G N T P L N J R X M I E G W C C H T U
```

AEROBICS

BARBELLS

BIKES

CARDIO

CLASSES

CYCLE

DUMBBELLS

ELLIPTICAL

EQUIPMENT

EXERCISE

FACILITY

FEES

FITNESS	PILATES	TRAINERS
GROUP	POOLS	TRAINING
GYMNASIUM	ROWING	TREADMILLS
HEALTH	SAUNA	WEIGHTS
INSTRUCTOR	SHOWER	WELLNESS
MACHINES	SPORTS	WORKOUT
MEMBERSHIP	STEAM	YMCA
MUSCLE	SWIMMING	YOGA

Solution on page 123

Amusement Park

ACTIVITIES

ADMISSION

ATTRACTIONS

BUMPER CARS

CARNIVALS

CAROUSEL

CEDAR POINT

CHARACTERS

CHILDREN

CONEY ISLAND

CROWDS

CUISINE

DISNEY WORLD

DISNEYLAND

ENTERTAINMENT

EXCITING

EXPOSITION

FAMILY

FERRIS WHEEL

FOOD

FUNFAIRS

GAMES

HOT DOGS

LINES

MAGIC KINGDOM

MIDWAY

MONEY

MUSIC

PARKING

PEOPLE

PLAYGROUND

PLEASURE GARDENS

RECREATION

ROLLER COASTERS

SHOWS

SIX FLAGS

THEME PARK

THRILL RIDES

TICKETS

TRAIN

VAUXHALL GARDENS

WATER PARKS

WATER RIDES

```
S L A V I N R A C B S K N S F Y V K I C
G A M E S N E D R A G E R U S A E L P I
B U M P E R C A R S B P V A U H L N O S
C R O W D S H L H P R F A X P C O F O U
Y P S Q I N A E O E O V H D E E A W P M
L F A C R O R S T O L A U N M M M E S G
Y B C E L I A U D P L B T A I T H E C N
G Y T D L S C O O L E E G L S M W B H I
Z W I A I S T R G E R I Y S K A L D I T
N U V R R I E A S T C N T I R T E N L I
O G I P H M R C A K O D S Y A T E U D C
S J T O T D S I I I A N E E P R H O R X
T F I I E A N N T A S A D N R A W R E E
E U E N Q M G I W E T L I O E C S G N N
K N S T E D S R N P E Y R C T T I Y M I
C F P N O O W I Z D R E R A A I R A I S
I A T M P B L X D I S N E Y W O R L D I
T I P X S G A L F X I S T Z L N E P W U
X R E C R E A T I O N I A R T S F N A C
J S G N I K R A P A H D W W I A X G Y W
```

Solution on page 123

Really Great

ACCOMPLISHED

ADMIRABLE

BANNER

BEST

BLUE RIBBON

BOSS

BRAG

BRILLIANT

CHAMPION

CHOICEST

DESIRABLE

DISTINCTIVE

DISTINGUISHED

EXCELLENT

EXCEPTIONAL

EXEMPLARY

EXPERT

FABULOUS

FINEST

FOREMOST

GOOD

GREATEST

INCOMPARABLE

INVALUABLE

MAGNIFICENT

MERITORIOUS

NOTABLE

OPTIMAL

OUTSTANDING

PEACHY

PREMIUM

QUALITY

SELECT

SHINING

SPLENDID

STRIKING

SUPERIOR

SUPERLATIVE

SUPREME

SURPASSING

TERRIFIC

TIPTOP

TOPNOTCH

TRANSCENDENT

VIRTUOSO

```
F D T O S U P R E M E L G A S N F X Y J
I O Q P R E M I U M S E E D U O A S U Y
N O Y T I L A U Q M F A C M R T B Z V X
E G N I D N A T S T U O F I P A U E W P
S I G M K E I N C O M P A R A B L E S D
T U P A C S H I N I N G C A S L O V M T
J T P L R H G S S U R V C B S E U I S D
M E N E L B A R I S E D O L I R S T T O
T E L E R T G M E U O V M E N W T C L H
I Y R B C L C P P A G B P A G R R N R C
P R E I A I A E G I T N L X A N I I O I
T A N P T U F T L R O E I N Q O K T I F
O L N F N O L I I E L N S T K B I S R I
P P A Q L G R A N V S C H T S B N I E R
N M B D G U B I V G E E E E R I G D P R
O E X C E P T I O N A L D Z J R D N U E
T X P E A C H Y D U I M F O R E M O S T
C E C H O I C E S T S M O S O U T R I V
H W M D I D N E L P S B R I L L I A N T
E X P E R T N E L L E C X E C B K E Y X
```

Solution on page 123

Mentors

ADVICE

APPRENTICE

ASSIST

COACH

COMMUNICATION

CONFIDANT

CONSULTANT

COUNSELOR

DISCIPLE

DISCUSS

EDUCATOR

ELDER

EMPATHETIC

ENCOURAGE

EXPERT

FATHER

FOLLOW

FRIEND

GUIDE

HEROES

IDOL

INSPIRATIONAL

INSTRUCT

KNOWLEDGE

LEAD

MOLD

MOTHER

NURTURING

PATIENT

PATRON

PEER

PRACTICE

PREPARATION

PROFESSOR

PROGRAMS

PUPIL

QUALIFIED

RELATIONSHIP

SPONSOR

STUDENT

SUCCESSFUL

SUPERVISOR

TRADITION

TRAINER

TUTOR

```
D M T S E Q T D E I F I L A U Q O Y T O
T A R X U M K Y K N O W L E D G E T T F
H K E G W P P Z E C C J S T U D E N T A
U S P L S J E A I N R O R C I E A E Y D
F T X R M P Y R T F D A U S O D S I C V
Q H E U A R Z T V H D T C R I W E T I I
A A C T R C W N Q I E U B F A G O A W C
X U R A G O T O T X S T N J Z G R P B E
W O L L O F P I H S N O I T A L E R N D
N M T F R C O T C Q C R R C R Y H O C U
P P W E P N W A R E H T O M P A I Z E C
L U F S S E C C U S D B Y R E T I L O A
F Z P I N S P I R A T I O N A L P N F T
A B M I R O S N O P S F U R F I S R E O
T S T L L N E U R E E P A G C U I L F R
H R S D O R C M H S O P B S L E D R A K
E L L I B V V M S X E C I T N E R P P A
R O L E S N U O C R U D A D R D M U V Y
M D A G F T R C P Z G N I R U T R U N U
G I R F W V T C U R T S N I F P I E V D
```

Solution on page 123

Yo-Yos

AXLE

BALL BEARING

BUTTERFLY

CHILDREN

CLASSIC

COMPETITIONS

CONTESTS

CULTURE

DOWN

DUNCAN

FAD

FINGER

FREEHAND

GAME

KIDS

LOOPING

METAL

MODIFIED

PLASTIC

PLAYING

POPULARITY

RETURN

ROLL

ROUND

SKILL

SLEEPING

SPINNING

STRING

TECHNIQUES

THROW

TOYS

TRICKS

WALK THE DOG

WOOD

YOMEGA

```
J R I O V M R O M Z Z Z N A C V J B Q O
Z Q G C S S O L X B S T S E T N O C F Z
N B S N E G U Y Y O U D V L A L O N R Z
L P I T I N N M T D O T C A J M M P E X
L I F W E P D I I F N X T T P O E O E Z
C K B I N R O Y R G S G N E R D L I H C
O E L X F E H O A T N N T M R I X P A I
F C M C I T S A L P S I J U B F A T N S
N G F A N U H Y U M T R P C L I L V D S
B K I W G R L D P I T A I E G E I Y S A
D Z W O E N B F O U D E X I E D G P U L
R K W O R H T N P W C B C B M L I B C C
C C B D Y L S E E N N L P H E N S A U A
V U T R G O D E H T K L A W N K E F L I
X J Q V B N M D U N C A N I I I L S T I
X R R N L Q I E P S X B N L V Z Q C U K
V T J C F N E Y G D Y G L B W I P U R I
N G S J Q E L C A A G O D R M S O U E D
Y S F Z K C H F F L R N T I T R I C K S
G P H K C F W U A O P I M I R F B Y C P
```

Solution on page 124

Staycations

ACTIVITIES

AMUSEMENT

ATTRACTIONS

BACKYARD

BENEFITS

CHEAP

CONTACT

DESTINATION

DINING OUT

ECONOMIC

ENJOY

EXPERIENCE

FAMILIES

FESTIVALS

FUN

HIKING

HOLIDAYS

HOME

LEISURE

LOCAL

METROPOLITAN

MINIMAL

MONEY

MUSEUMS

NEAR

PAINTBALL

PARKS

PICNIC

PLANNING

POOL

POPULAR

PORTMANTEAU

PROPERTY

RECREATION

REGION

RELAX

RESIDES

SLEEPING

STAY

SWIMMING

TELEVISION

TIME

VACATION

VISITING

```
W P L U Y L U G M Y E N O M K A F U I T
P H A F A L C X I D T W N K G R R D C N
H A O C T A E C N E I R E P X E G A R X
T E O M S B T R I S D T E V C S T X G G
S L U A E T N A M T R O P P E N J O Y A
G M F K E N E V A I R E G I O N E A R N
B L U M S I M O L N A R T C Q R V R N F
H U N E M A E H Q A A I Y R N I P E E S
F C B T S P S P D T V H E A S A T S T B
C L V R U U U S T I H C L I R K T I Z S
H O A O N U M R T O O E T K M I F D M M
O O C P O E A C U N O I S I V E L E T E
L P A O I C A I O B N R D A N E E S F H
I L T L T I B M G G B S L E E P I N G J
D A I I A N I N N E S S B H T A S P R U
A N O T E C S E I L I M A F R E U Z G S
Y N N A R I R G N I K I H R E H R C E E
S I E N C P S W I M M I N G L C E T O X
Q N R M E E G W D R A Y K C A B C X W B
R G Y O R A L U P O P Z H P X O H Y U V
```

Solution on page 124

Made of Cotton

```
H W J I D Z O G M S T E E H S B H W Z Q
R W E D K S X J R I Y L L I M R V O I V
L E B E R K A P A F B A K S Y E E A N C
Y R B B V E J Y F E G Y P T I A N B D C
J U M U O I S U Y G R L H O K T V T I P
C O D I R L L S W G N A V R F H F M A F
I W A M N F L A D M R I E Y A A T G N X
U S E N A E L C R V O R N W B B Z U O E
J Y R A W S D A E U W E I N R L Q L O O
Z J H O V P W S Q T T T C F I E L D D S
B S T E L I T X E T V A I T C P D D G S
J H S O H V N G S W W M N I H W S N O J
O B S R Q A R G R O G P A N T S G C U R
T Y J N O V A O O V F H G K V B K V E I
L Q K J W G Y L U T K T R I H S A T P K
U O Y Z S F S G Y Y C L O T H G I L K A
N V B E O E F M S S I R W S Z H A Y E K
W M O J A L O M O L P L O Y W N A W G M
W I Q A V I R G D Z H G R P T F I V S Y
Q Y D D Z B V Y A M W A G T J V B G M W
```

BALE

BOLL

BREATHABLE

CLEAN

CLOTH

CROP

DENIM

DRESS

EGYPTIAN

FABRIC

FARM

FIBER

FIELD	NATURAL	SPINNING
FLUFFY	ORGANIC	TEXTILE
GIN	PANTS	THREAD
GROW	PICK	TOWELS
HARVEST	PLANT	UNDERWEAR
HISTORY	SEW	WARM
INDIA	SHEETS	WEAVING
KNIT	SHIRT	WEEVIL
LIGHT	SOCKS	WHITE
MATERIAL	SOFT	WOOL
MILL	SOUTH	YARN

Solution on page 124

Go Bowling

ARCADE

AVERAGE

BAG

BOARDS

BOWLERS

BUMPERS

CHEER

DOUBLE

DRINKS

FINGERS

FOUL

FRAME

FUN

GAME

GLOVE

GRIP

GUTTER

HANDICAP

LANE

LEAGUE

LOFT

LOUNGE

```
O J H E W S N R R X A V J E C B W J K A
U R B K M Y H P O E A H V V L B T R S Q
Y V M R Q I P M A G A R G Q A F Y L Y X
V Y H A Z F G Q M F B D E R O L L M O O
D Z L F E O R M K R R U N L N G U A I L
U L B I Q T V C L I G L I U L G B A P A
W Y V P A U A O N A F L P O I N T W I L
J F W A W R H K E S N G V F B U H A N P
J S N A C K S L A T N E R U V N P J X C
M S W K Q E R N F W T Z E N R U T E R M
Y T H A E Y E E P R X I M T E K C O P R
E U O N C D P A C I D N A H T J Z F B P
V Q T H Y W M F K S E L R M T O I E L M
Z Z V U S E U J R T G L F L U N O K W Q
B Z I J P P B E D G O X B A G D V I S E
V L T D S I L D O U B L E E D A C R A M
F E B J Z W R I N A V E R A G E J T U A
W A E R O C S G T R V S D R A O B S U G
H Q O B R E E H C D A N A P S K I D L L
A U P F H M T V N F T C N Q V C N M R A
```

MUSIC

PIN

POCKET

POINT

RACK

RAIL

RENTALS

RETURN

ROLL

SCORE

SHOT

SKID

SNACKS

SPAN

SPLIT

STRIKE

TEAM

TURKEY

WRIST GUARD

Solution on page 124

Wedding Ceremony

BOUQUET

BOUTONNIERE

BOW TIE

BRIDAL PROCESSION

BRIDESMAIDS

CAKE

CATER

CEREMONY

CHAPEL

CHURCH

CORSAGE

COUPLE

CUMMERBUND

DANCE

DINNER

ENGAGEMENT

FAVORS

FIANCE

FLOWER GIRL

GIFTS

GOWN

GROOM

GUEST LIST

HONEYMOON

HONOR ATTENDANTS

INVITATION

JUSTICE OF THE PEACE

MARRIAGE

MINISTER

ORGAN

PHOTOGRAPHER

PICTURES

PROPOSAL

RECEPTION

REHEARSAL

RICE

RING BEARER

SHOWER

TUXEDO

USHER

VOWS

WEDDING PARTY

WEDDING SONG

```
G Q N G C P H D A N C E M A R R I A G E
T C F O R E R O N O I T P E C E R I E C
Y L O G I E R O N U N F A V O R S T P A
I Y D R B S H E P E B O U Q U E T I H E
H N E E S O S S M O Y R G N P W F N O P
Z Z X E D A W E U O S M E D L O I V T E
C P U R Z A G T C H N A O M E H G I O H
X R T K E A O E I O P Y L O M S O T G T
H E I T G N M S K E R B M Y N U V A R F
R H I N N O N D L Q G P V T O C C T A O
E E E I O E D I T P U Z L R H J F I P E
R A E R S T N A D N E T T A R O N O H C
A R G M G J A M F I S G P P D Z S N E I
E S L R N N G S I D T E S G C I E Y R T
B A T W I G R E A N L R J N A H R U E S
G L O I D B O D N S I O K I T G U B K U
N G S I D F L I C C S S I D E I T R A J
I N V R E M N R E J T F T D R E C J C X
R W V O W S Y B D F L O W E R G I R L H
E G I E Q V B W V K X P K W R Q P R U H
```

Solution on page 124

Looney Tunes

ANIMATED CARTOON

ANIMATED MOVIE

AUDIENCE

AWARD

BUDDY

BUGS BUNNY

CARTOON SERIES

CHARACTERS

CHILDREN

COLLECTION

COMIC

COYOTE

DAFFY DUCK

ELMER FUDD

FOGHORN LEGHORN

GRANNY

KIDS

MARVIN THE MARTIAN

MEL BLANC

MELODY

MERRIE MELODIES

MOUSE

MOVIES

MUSIC

NICKELODEON

NOTE

PENELOPE PUSSYCAT

POPULAR

PORKY PIG

RABBIT

ROAD RUNNER

SHOW

SILLY SYMPHONIES

SPACE JAM

SPEEDY GONZALES

SYLVESTER THE CAT

SYNDICATED

TASMANIAN DEVIL

TELEVISION

THATS ALL FOLKS

THE BARNYARD DAWG

TWEETY BIRD

WARNER BROS

YOSEMITE SAM

```
G R L N O O T R A C D E T A M I N A Q Y
I A G W A D D R A Y N R A B E H T Q D U
P B Y S E I D O L E M E I R R E M O S F
Y B F G S T T D A F F Y D U C K L E Y F
K I D S P A A R A U D I E N C E I O O C
R T T Y E S C I A C S I O I M N S G A C
O E H D E M Y B E M P T M W O E H R S O
P L A D D A S Y G O E O O H M O T R A Y
P M T U Y N S T R V C H P I R O E E N O
C E S B G I U E A I S M T N O T C N I T
N R A U O A P E N E Y E L N C H I N M E
A F L G N N E W N S S E S A I C A U A L
L U L S Z D P T Y A G E R L K V S R T E
B D F B A E O L M H R A D E S I R D E V
L D O U L V L V O I H R L Q C Z O A D I
E R L N E I E R E C E O C K E S U O M S
M A K N S L N S Y N D I C A T E D R O I
F W S Y L V E S T E R T H E C A T I V O
M A J E C A P S O R B R E N R A W S I N
P O P U L A R N O I T C E L L O C F E M
```

Solution on page 124

Candy

```
D I D S E I D N A C R U O S E P G S S Q
Z F W N R Z U Z R Y X S W N I Z S E N B
W Y J Q N A S G N I R O V A L F X L A S
A I G N P G B U P A L O K K G I F T E P
C S M B H C T R E L Y K T J C V G T B O
S L L F D S A B A D H D A C A A A I Y R
V O H J W L I M N C O O N Y A L N K L D
P L E L I M H A U O S Y R A O F E S L M
U L S N M S C C T T E E B C C U N E E U
R I E U R R W A B T N Z O T T D E V J G
Q P G A A P S V R O A H I Q U G R G V P
E O M G P E R I I N C O T L P E G A U I
E P U Y I P A T T C Y X S I E T Y R H L
F S T F W P C I T A D X I S D M Y K U R
F R F V M E B E L N N D T T W S A L Q O
O A O P F R H S E D A R N E W T O R Y R
T P S N P M U C O Y C N E E W O L L A H
Z D O E C I R O C I L J D W S R O L O C
P C F Y D N A C K C O R B S T E E T H X
A S K C I T S V N T P H I Q V K X A U Q
```

BARS

CANDY CANES

CARAMELIZE

CAVITIES

CHEWY

CHOCOLATES

COLORS

CONFECTIONERY

COTTON CANDY

DENTIST

ENERGY

FACTORY

FLAVORINGS

FUDGE

GIFT

GUMDROPS

GUMMI BEARS

HALLOWEEN

HARD CANDY

JELLYBEANS

LICORICE

LOLLIPOPS

MARSHMALLOWS

NUTS

PEANUT BRITTLE

PEPPERMINT

PRALINE

ROCK CANDY

SKITTLES

SNACK

SOFT

SOUR CANDIES

STICKS

STORE

SUGAR CANDY

SWEETS

SYRUP

TAFFIES

TEETH

TOFFEE

Solution on page 125

Bubbles

AIR
BATH
BLISTER
BLOW
BOIL
BURST
CARBONATION
CATCH
CHAMPAGNE
CIRCLES
COLORS
FISH
FIZZ
FLOAT
FOAM
FRAGILE
FROTH
FUN
GAS
GUM
IRIDESCENT
LATHER

LIQUID
PARTY
PLAY
POP
PROTECTIVE
SIZES
SOAP
SODA
SOLUTION

SPHERE
SPIN
SUDS
SUMMER
SWIM
WAND
WATER
WIND
WRAP

```
T Q H Q X Y A L S J D N K E O P Z D Q D
H W O Q R X R C I U N E V V W I C W H C
P Q A Z M I J T U V R J U T J Z Y H S I
H G D S R J V X L M J R E T S I L B P R
E J B M U E G S V I K E N G A P M A H C
U J D U E D V N Y W B E L F C M I C E L
L W T R W H S I F S C S U I O P T N R E
X Z H T O R F N T S I K M Z G A W F E S
J E S F L T K L E C C Z S Z C A H P U P
P F N G B Z R D O O E X E H Y B R M L N
O V U P L M I D L A W T L S G U M F W Y
Y W W C A R B O N A T I O N X E R M P J
O Z E Z I R R N D B T L N R R E T A W X
C Q Q X D S T E O J U S A D P P R O I Z
Z B P F O W X Y D T U R B T O W T F C R
W A N D P V M B I C U S S P H K O K J L
Z J A A P Q G O U R C B A T H E J D M A
D D Q R U T N I Q V M O X G I U R C H J
P L W Z Z G W L I L S V D S G S X G M R
N S Z A D W T P L A Y G D K L B V D X G
```

Solution on page 125

Marching in the Parade

ACROBATS

AWARDS

BALLOONS

BATONS

CHARACTERS

CHILDREN

CIRCUS

CLOWNS

COLOR GUARD

CONFETTI

DANCERS

DIGNITARIES

DRUMS

FESTIVAL

FIRE ENGINES

FLAGS

FLOATS

GRAND MARSHAL

GRAND PRIZE

HATS

HELIUM

HOLIDAY

HORSES

JUDGES

LEADER

LINE

MARCHING BANDS

MEMORIAL DAY

MUSIC

NEW YEAR'S DAY

POLICE CARS

POLITICIANS

PONIES

PROCESSION

ROUTE

SING

SPECTATORS

SPONSORS

STREET

THANKSGIVING

VENDORS

WALK

WAVE

```
X S R L I R B L Q R V X U Y N P M P D L
Q P E F L A G S P E C T A T O R S I I S
T O D G K B A S N W O L C L N E G N T I
K N A N D W E D K L A W I O S N E A T N
G S E L A U O Q W V I C C R I E B P E G
Q O L R A R J O I L E G O T M O Z X F Y
M R D N S H R T C C O H A S R S B Y N K
U S A G P Y S V A H P R O C E S S I O N
S S N O N E A R A T I D A N C E R S C Y
I R E A F I S D A E Y L P O N I E S A X
C A E X I M V K S M Y A D I E R R D O C
H X S T U C O I S R D A G R G G L C O S
Y M A R C H I N G B A N D S E A L L U L
N Y D U D A O T A S E E A I I N O W D S
L R F V M T R L I E K C Y R L R N W T T
Q C L X A N L A R L B N O W G O E A U R
B B O B F O K I H P O M A U E T H V B E
B A A V O P F J Z C E P A H U N L E J E
F C T N H E L I U M T R F O T Q K N A T
T J S H W I G R A N D P R I Z E B C T D
```

Solution on page 125

Karaoke Fun

AMATEUR

ASIA

AUDIENCE

BAR

CDS

CLUB

COMPETITION

CONTEST

COUNTRY

DRINKING

DUET

EMPTY TRACK

ENTERTAINMENT

EQUIPMENT

FRIENDS

FUN

GAME

GROUP

INTERACTIVE

JAPAN

KARAOKE BOX

LIP-SYNCHING

LOUNGE

LYRICS

MACHINE

MICROPHONE

MUSIC

PARTY

PERFORMANCE

POPULAR

PRIZES

PUBLIC

ROCK

SCREEN

SING

SOLO

SONG

SPEAKERS

STAGE

TALENT

VIDEO

VOICE

WEDDING

WORDS

```
U W T Y S J N S F H S B U A X Y T O N U
I U E N U T G H M Z U N S K M R A T O U
N W U D I W A I Q L Y R I C S A A A K U
T F D D D V R G C K D P U O R G T L F T
Y N X E D I T L E Q U I P M E N T E D O
R T D C W G N I H C N Y S P I L C N U P
N O R N H M E G R K E G L E V N B T V R
T C O A S S M M E K C M N T E A W I D I
M C C M P U N C A O F N P I R P X E B Z
Z N K R U B I R U C G G D T S A N V P E
W K S O U O A N A F H U N I Y J E I M S
W A S F V O T D R L A I J O A T E T U S
Y R P R K R R I E H U M N N S X R C S P
U U U E Y I E M E Z Q P E E E N C A I E
L R B P N N T G A A P W O R D S S R C A
Z O L K D B N O M I C R O P H O N E T K
X N I S M U E L B T S C O N T E S T C E
R N C C O D L O D R O A D P Y M E N Q R
G Z D L I T A S Y I J L Q S O A A I X S
V Q M V J W J Q H E M D T Z K G M M Q C
```

Solution on page 125

State Fair

```
S D O O G D E K A B B S E C A R R Y K E
T X R H H A N D I C R A F T S E A C L D
A C I T F I L R I A H C J G M W O A F I
O E D V S N O W C O N E S A D T V R D R
B R E D I L S R E T A W T I S I S O A Y
E U P E N T E R T A I N M E N T T U E K
L T A G L P O H S N O R V R U M U S L S
D L S B M P S Y G I A I A F P W N E R N
D U S U A K O S L F L C F E P I A L I O
A C B R E T S A O C R E L L O R E O H I
P I N K L E M O N A D E G A T S P I W T
E R K R F A C E P A I N T I N G D O A I
X G R J S S O T N I O C P R I Z E S T T
H A B L U E R I B B O N G A U L T N L E
I E C I S U M P S W I N G I N G S H I P
B D J S M A E S U O H D E T N U A H T M
I A H J L A Y S N O I S S E C N O C X O
T C S S B M J R L E E H W S I R R E F C
S R E L G G U J S E R U T C I P V B G M
D A N C E R S T E K C I T F P Z N W K E
```

AGRICULTURE

ARCADE

BAKED GOODS

BLUE RIBBON

BUMPER CARS

CARNIVAL

CAROUSEL

CHAIRLIFT

COIN TOSS

COMPETITIONS

CONCESSIONS

DANCERS

ENTERTAINMENT

EXHIBITS

FACE PAINTING

FARM

FERRIS WHEEL

HANDICRAFTS

HAUNTED HOUSE

JUGGLERS

LION TAMER

LIVESTOCK

MIDWAY

MUSIC

PADDLE BOATS

PICTURES

PINK LEMONADE

PRIZES

RACES

RIDE PASS

ROASTED PEANUTS

ROLLER COASTER

SKY RIDE

SNOW CONES

STAGE

STUFFED ANIMALS

SWINGING SHIP

SWINGS

TICKETS

TILT-A-WHIRL

TOYS

WATER SLIDE

Solution on page 125

Stuffed Bears

ANIMAL

ANTIQUE

BABY

BED

BLACK

BROWN

CHILD

COLLECT

COMFORT

COMPANION

CORDUROY

CUB

EARS

EYES

FRIEND

FUR

GIFT

GUND

HUG

KIDS

LOVE

MUSEUM

NOSE

PICNIC

PLAY

PLUSH

POOH

POPULAR

ROOSEVELT

SLEEP

SOFT

SPECIAL

STEIFF

STUFFED

TEDDY

TOY

VALENTINE

VERMONT

WHITE

WINNIE

```
R L M W K Q J E V U S S Y U B L A C K F
X P H B R T B F N E D A S J G L N S E F
E P Z Q V R F C Y I U I A B F C I S T O
D P R M O J O E K Y T Q G F E U M Y G F
A X D W J R C O M P A N I O N N A Y B I
L H N T D P L U S H D E E T C E L L O C
L T C U F W N P S E T O Z L N Q P D K E
X N R E V O E E L S V D V A A A Q B I O
P O P F B C S T U F F E D E M V H D S V
Y S S U I L R I P O P U L A R F Z O Y Z
B E S A E N K H K J D D H T B M A K O A
A Q L E Y P C W W A L O V E R T O N T P
B R P N F E H T F I G H D O H O Y N H I
N U U G M X I Z H D N U G L S Q F H T C
C Q H W N M N C U B T N W V T R V M K N
T U R R L V U Y D N L G I R I J A N O I
H A G M M I Z P W D I M U E S U M E O C
U E R G K B J T M G F F N H N U J Z Q R
N Y C F Z L N P L A Y D D E T E C L L G
W F J S F T O E O G A T C X Q H L T X R
```

Solution on page 125

Baking Bread

```
V R J D U J D F E L M L Y C Y Y X L A R
W R P Y G A N E T U L G U W E B N F W Y
D P K L P W D P N C K T Y A N S W H I N
N T J Y P T M P R E H I S T O R I C A O
L I O C C C R P N G V T I E M T N A W Y
A A S A L T A E U S W A L R E A N R S S
G K L I M B W O T M E D E C I L S B W T
U U T D A G D T R R P V J L R N O O F E
Z W N M C R R S I E A E A T N V F H M M
W X O I U X B A T P T T R O E U T Y K K
P R R O Y M S O I Q I T S N L Q S D E A
A N S U U H H A O N L M U J I M A R B W
B K P R O T E I N P S P U B A C F A Z T
N A C H L L K E C D A R K C H M K T F X
E G Q C N N F N P Z W N H S C I A E Y R
H X A T I P E W E U O I H Q N B E S L Z
G A V F O X C J X A N M C G E O R G N H
Q U E S Q G I N D E D X K H R X B O G N
R R U B I U P M V D E U M R F N Y K W C
F K X I I N S L L O R G V N K N Z J G N
```

AROMA

BAKING

BREAKFAST

BROWN

BUTTER

CARBOHYDRATES

CRUMBS

DARK

EGG

FLOUR

FRENCH

GLUTEN

GRAINS	OIL	SANDWICH
ITALIAN	OVEN	SLICED
JAM	PAN	SOFT
KNEAD	PITA	SOURDOUGH
KNIFE	PREHISTORIC	SPICE
LOAVES	PROTEIN	STARTER
MACHINE	PUMPERNICKEL	UNLEAVENED
MILK	RAISIN	WARM
MONEY	ROLLS	WHITE
NAAN	RYE	WONDER
NUTRITION	SALT	YEAST

Solution on page 126

Silky

ASIA

BLOUSE

CATERPILLARS

CHINESE

CLOTHING

COCOONS

COMFORTABLE

DRESS

DYED

EXPENSIVE

FABRIC

FASHION

FIBERS

INSECTS

JAPAN

KIMONO

LARVAE

LIGHT

LINGERIE

LUXURY

MATERIAL

MULBERRY

NIGHTGOWN

POPULAR

QUALITY

ROBE

SATIN

SCARF

SHEETS

SHIMMER

SILKWORM

SKIRT

SMOOTH

SOFT

SPINNING

SUIT

TEXTILES

TEXTURE

THREAD

TIES

TRADE

UNDERWEAR

VALUABLE

WEAVING

WOVEN

```
C V S H L M D E I N S E C T S K I R T S
U O F E Y M M W A W V L D H T O O M S D
L Q N K N E V O W Y C T D S I Z U A T A
Q K F H L I N G E R I E X P E N S I V E
N K Z W F O A P X U U H V M L I E I X R
D X M R M T P Y S X G D W H B J T S R H
T G P I A C A T E R P I L L A R S C E T
M F K G F L J Q I T N I G H T G O W N S
N D O S F V U N D E R W E A R O B E I N
T V Z S E A R P H B D A R L O D Y L O O
K J G H L L S Q O S H G D L F S K G M O
F M H I U U I H G P P N A E M W C L F C
W I T M R A T T I G N I H T O L C A D O
V Y B M D B G E X O R V N R C P B R R C
M J Y E V L V S X E N A M N R R E V H F
B Q Y R R E A Z T T T E Y T I S U A I L
C D X H U S S A V E U W W C S N O E L E
Q G Y U I X M U L B E R R Y T H G I L X
S Z L A B F U H E B S H E S U O L B U R
B D B M I L R L X A M C S A T I N G W G
```

Solution on page 126

Classic TV Shows

```
B A T M A N P P E C I F F O E H T J D O
S G U N S M O K E F R A W D D E R D B Z
D E O D P E H H S S M T Q L B D S M C F
L K N O F J U S T I C E L E A G U E Z I
E A R O Z I Z A L Y X Q H G E L P E G W
F H I W B J R Y J Y P F C M O F E L T O
N N B D O T G E A S I Y E C K R R P H N
I Y C A R U Z R F M D K T E S I M U E D
E O F E Y A E E U L I V A N T Z A O X E
S H K D T K F P M L Y U L O O U N C F R
K W N J W H P E D I H W A R L M N D I Y
A R N L K E E A L L A B N O G A R D L E
E O C O T H E S O P R A N O S H S O E A
P T M S Z D T W I L I G H T Z O N E S R
N C H T Q N O S A M Y R R E P I O H A S
I O V S N Q A K R A P H T U O S Q T T C
W D U C K T A L E S J S T A R G A T E R
T J B F H J Y C U L E V O L I D H K N U
R E I S A R F L N N A V E N G E R S E B
L E G N A M A R U T U F A R S C A P E S
```

ANGEL

AVENGERS

BATMAN

BONES

COLUMBO

DEAD LIKE ME

DEADWOOD

DOCTOR WHO

DRAGON BALL

DUCKTALES

FAMILY GUY

FARSCAPE

FIREFLY	RAWHIDE	THE ODD COUPLE
FRASIER	RED DWARF	THE OFFICE
FUTURAMA	SCRUBS	THE SIMPSONS
GUNSMOKE	SEINFELD	THE SOPRANOS
I LOVE LUCY	SIX FEET UNDER	THE X-FILES
JUSTICE LEAGUE	SNL	TWILIGHT ZONE
LOST	SOUTH PARK	TWIN PEAKS
MONTY PYTHON	STAR TREK	WONDER YEARS
MUPPET SHOW	STARGATE	
PERRY MASON	SUPERMAN	

Solution on page 126

Jewelry

ADORNMENT

AMBER

ANKLE

ART

BANGLE

BEAD

BLING

BOX

BRACELET

BROOCH

BUCKLES

CAMEO

CASE

```
G L N E G D M V U E L G N A B S H K K P
G F E K S D N O M A I D C N R Y N I H S
X K G U U Y B U R V E R L P O E L K N A
D O D U S C T X T F A R C X O B B U O L
J I W Y S S W R A P A L V N C R L M A C
T X J F O L E W E J I G U N H H C T A W
E S A C M T D L I P E N D A N T D A Z T
N F I D T T D X K R D D A E B L X Q Y T
U K K I B N I M I C U D K F O L N D T O
H Z S R L G N N H S U O I G I L E R P I
A E A M B I G O N T O B F S L L E H S E
N W I C C S K Q O N N S T E R L I N G U
L T R U D E J E I E P N P N A T J W M K
U U M G R D M L T M M T E L E C A R B R
F O L O N A G L A N I E A C A M D A G W
J J L J C I Z V R R I C R E K T O N E C
P O F G T N T S O O I A N A B L I W M Y
C C M E Q L H T C D O O H B L L A N T X
E X P E N S I V E A T R A C B D V C U S
Q H X Q X J W M D S A S A P P H I R E M
```

CHAIN	EXPENSIVE	RUBY
CHOKER	GEM	SAPPHIRE
CLASP	GOLD	SETTING
COLOR	JEWEL	SHELLS
COSTUME	MEDICAL ALERT	SHINY
CRAFT	NECKLACE	STERLING
DECORATION	PENDANT	STONE
DESIGN	PIN	VALUABLE
DIAMOND	PLATINUM	WATCH
EMERALD	RELIGIOUS	WEDDING
	RING	WOMEN

Solution on page 126

Tickled

ARMPIT

BABIES

BODY

BONDING

CHILD

DELIGHTED

EXCITE

FEATHER

FEET

FINGERS

FUN

GAME

GIGGLE

HAPPINESS

HUMOR

INVOLUNTARY

ITCH

JOY

LAUGH

MOVEMENT

NECK

NERVES

NOSE

PARENTS

PLAY

PLEASURE

REACTION

REFLEX

RESPONSE

RIBS

SENSATION

SENSITIVE

SIDE

SKIN

SMILE

SOCIAL

STIMULATE

TICKLE

TOES

TOUCH

```
F T E Q R Z N N T X H E C X S R W A T X
P F F I T X B X Q J V P G U E W S Q L S
W X R A O B I G H S I D E A F O O S E Y
R O M S I A D F M O H S C E C G H V G T
X Q H I G B D Q U R N T A I V D R X Y O
C Y E Z Z J G S N O I T A S N E S K P U
K C T B F F A L P O H L Y D N L C C L C
C R E R I B M S N E P S S E N I P P A H
V N E C K G E S R B D J S E N G K P Y J
F H F F E R T T F O S K J V O H U M O R
K A Q P L K I N R N J U O Y M T Z Y S E
U B P A K E C N Y D T L D S O E U E R W
P Y U E C I X A L I U O B T V D U U E Q
V G S B I R E I P N B A B I E S S E G C
H E G I T O H M T G J V T M M A S P N G
C Z L X P C R A H C T I X U E O R G I R
F B G I A A R N I K S G O L N J S G F O
J E H C M Y K N W N C Y P A T B G U C C
J B Z M Q S T N E R A P B T L L N Y T U
F P R P S B X S O K I Q G E E F Y Z H W
```

Solution on page 126

Hula

ALOHA
ANKLET
AUANA
BARE FEET
BEACH
CELEBRATION
CEREMONY
CHANTS
COCONUT
COSTUMES
CULTURE
DANCERS
DANCING
ENTERTAINMENT
FESTIVALS
FIRE
GIRLS
GUITAR
HAWAIIAN ISLANDS
INSTRUMENTS
KAHIKO
KAHOLO
KUMU HULA

LAKA
LANGUAGE
LESSONS
LUAU
MAUI
MELE
OAHU
PELE
PERFORMANCES
POLYNESIANS
RELIGIOUS

RITUAL
ROYALTY
SACRED
SKIRTS
SONGS
STORY
TAPA
TONGA
TRADITIONS
UKULELE
VOLCANO

```
J G H Z Z K N B L K U Z F S T D M E L E
W H Y B D P H H Y P R E L I G I O U S L
U D A N C E R S E W S G L A N G U A G E
M R O S O K C O S T U M E S O X A K A L
S E E V D M H T I S W B G N I C N A D U
S N R F B N E V Y X O E R U T L U C C K
K T O I N E A R V S A N A U A A H X Y U
I J N S F L A L E I V T G L R U A Q R M
R V P E S A T C S C O E O S B T O O O I
T V R N M E G Z H I M R P S E I K A T U
S A J P L U L N O M N T N R L R U J S A
B T L K P E R F O R M A N C E S M B L M
M X N L U A U T O T I I I R C M U O R O
E A A F T G U Y S S H N M I G Y H F I F
A E P I D N A N E N I M X D A A U O G U
W L U A O L O N S E I E H Z E W L K Z D
O G G C T P Y N K S T N A H C R A I W G
V B O Y S L T R A D I T I O N S C H G H
Y C B J O N A C L O V J F O L O H A K S
E L E P Z T F Z J E E N C U M Q F K S W
```

Solution on page 126

The Wonderful World of Disney

ANIMATION

ARIEL

BEAUTY AND THE BEAST

BUZZ LIGHTYEAR

CARS

CINDERELLA

DAISY DUCK

DONALD DUCK

DOPEY

DUEY

DUMBO

EVIL QUEEN

EVIL STEPMOTHER

FANTASIA

FINDING NEMO

FLOUNDER

GOOFY

GOPHER

GRUMPY

GUS

HERCULES

HOLLYWOOD

JIMINY CRICKET

```
D P T O E N I A I N S B T H S E K K Y Q
U N C L E S C R O O G E E O R S C M E E
E E V I L Q U E E N S A K X A K U Q P Z
Y S E L U C R E H U T U C S C R D N O C
J U N G L E B O O K I T I E I A D O D P
S O P G A D B M W C N Y R L N P L I O G
K M Q L C M Y A V U K A C B D E A T M H
S Y G I U H L S X D E N Y I E M N A E H
E E R D T T N B O Y R D N D R E O M N A
B K U O T E O O T S B T I E E H D I G Z
A C M S E P W H A I E H M R L T N N N T
S I P Z M Y G U S A L E I C L K A A I I
T M Y U L I X F I D L B J N A K R Z D G
I W L L L O L S Y T H E L I O N K I N G
A A O Z A O A F T S Q A R E H P O G I E
N H Z T U T O I D U T S M H Y N S D F R
J U G N N O L E I R A T G T H U M P E R
B C D A G E V I L S T E P M O T H E R I
G E F T H O X D N A P R E T E P J V Y W
R E T T A H D A M K Y K Q V K E J G Z X
```

JUNGLE BOOK

KANGA

MAD HATTER

MICKEY MOUSE

MULAN

PETER PAN

PLUTO

SEBASTIAN

SNEEZY

STUDIO

THE INCREDIBLES

THE LION KING

THE LITTLE MERMAID

THEME PARKS

THUMPER

TIGGER

TIMOTHY MOUSE

TINKER BELL

UNCLE SCROOGE

WALT

Solution on page 127

Fondue with Others

```
R X Z S I M B W S T N A R U A T S E R K
T W M R S T R A W B E R R I E S R Q A Q
X Y T R A P G E C I K M K S C U C Z S D
W B O X S O I L Z L J Z P E H T O R B O
J H W T S M X R N I A S K E W E R S L U
Y U H H E B O K I C T N F O R K N R U B
V S O L H R Z O A T S E U Q Y A S S B A
B O T S C M U D T D L S P M R H T O H I
I C K P W J R I N H W A F P M A A U A E
X Q A H I W X E U N D K M R A O R H R J
L O M N N A I Q O K R M S P Q R C A P E
D H C N E R F Q F O O W T N Y S H D Y N
Q L N A F M X L N O I O I L R S B I I I
H H E M R M A C W S O L C I E T R Q D P
X U J T F M O V S O J D K Q I E A Z T L
B J E W E J V E H W O S S U C B P E Q A
S C E C H V J M T T R C R I N Y W X Q C
L Z U P L A G D W V S F P D K L T Z W K
D A V P G F R U E K U E E O W F P S I Q
S A A M H L M H M N Z U E C T F A V L G
```

ALPINE

APPETIZER

BROTH

BURN

COMMUNAL

COOK

CORNSTARCH

DIP

EAT

FLAME

FOOD

FORK

FOUNTAIN

FRENCH

FRIENDS

FRUIT

FUN

HOT

KIRSCH

LIQUID

MELT

OIL

PARTY

POT

RECIPE

RESTAURANT

SAUCE

SET

SHARE

SKEWERS

SMOOTH

SPIRIT LAMP

STICKS

STRAWBERRIES

SWISS

TEMPERATURE

WARM

WINE

Solution on page 127

Doodling

ABSTRACT

ARTISTIC

ATTENTION

BOREDOM

CHALK

CHILDREN

CLASS

CONVERSATIONS

CRAYON

DAYDREAM

DRAWING

ELECTRONIC

ERASER

EXPRESSION

FICTIONAL

FREEHAND

GEOMETRIC

GRAPHIC

IDEAS

ILLUSTRATION

IMAGE

LINES

MARGINS

MEANING

MEETINGS

MONOCHROME

PAPER

PATTERNS

PEN AND INK

PENCIL

QUICK

RANDOM

SCHOOL

SCRIBBLE

SHAPES

SIMPLE

SKETCH

STICK FIGURE

TELEPHONE

TEMPORARY

TEXTURES

TODDLER

VISIBLE

VISUAL

WRITING

```
Q Y G B Z D X Y K V I S U A L I N E S I
P E J D J W S E Z H J M D A O N P A D A
I L S N R E T T A P Y R A R O P M E T I
E B O R E D O M M N S E P A H S A T T E
E I E M O R H C O N O M X U C S E E L D
G S R R L R D A Y D R E A M S N L P Z T
A I E L U L S L S M S C I R T E M O E G
M V L A I G E Z I P J H W I P I W L A Q
I O D A B L I N L H E S O H S G E Y E H
K E D P N S L F E T C N O N K L A H C S
C H O N P O T U K L T N A R T I S T I C
I G T R A I I R S C E S G N I T E E M R
U H G E U R C T A T I C A G D K O W L I
Q R N P R I E S C C R T T M S I D Z I B
H E I A H X S N O I T A S R E V N O C B
L S W P T A U A W V F S T K O A P K N L
B A A U L A E X P R E S S I O N N N E E
K R R C B U L D T U C R A Y O N I I P J
G E D F H O F E D F R E E H A N D C N I
S N I G R A M X I H C A A W R I T I N G
```

Solution on page 127

Dance

BALLROOM

BEAT

BODY

BREAK

CHOREOGRAPHY

CLASSICAL

COMPETITION

CONTEST

COSTUME

DANCERS

DISCO

ENTERTAINMENT

EXPRESSION

FOLK

FORMAL

FUN

GENRE

HIP HOP

JAZZ

JIG

LINE

MODERN

MOTION

MOVEMENTS

MUSIC

PARTNER

PERFORMANCE

RHYTHM

SALSA

SKILL

SOCIAL INTERACTION

SQUARE

STEP

STUDIO

STYLES

SWING

TANGO

TEACHER

TECHNIQUE

TEMPO

TRADITIONAL

WALTZ

```
G D R W A K P S J V C I S U M G H C Q Q
B H F D P G R K T O K F A D A N C E R S
F K W K A B Z E N U M N O I T O M P S O
J L N V D L Z T N G D I K R M A F Q K C
Q P U H S T E P B T B I L J M J U E A I
M M I N I S X W P E R F O R M A N C E A
P U R T T E P D A C A A F W R Z L H R L
Y C M V L N R T L K L N P E N Z Z O B I
O O O G A S E A H A T P A Y O P K R G N
X K O U T H S E N T E R T A I N M E N T
F F R Y Z S S O E X C I E S T H O O I E
W E L T I C I M O R H V S A I I V G W R
J E L C U T O G T M N L Q L T T E R S A
S A A Y I D N Q Z S I E E S E X M A O C
W L B D E A H H K N Q M G A P R E P M T
T D A R T K X I E R U V C E M D N H A I
R R N E Y Y L P O T E H L J O D T Y Q O
T U M N G L D H S K E N L X C Y S H U N
A P D D I S C O E R W S W K H Y O B E V
O Y N M J H C P B E L V D R Y D E L S G
```

Solution on page 127

Roses

BEAUTY

BLOOMS

BOUQUET

BUDS

BUSH

CLIMBING

COLORS

DOZEN

FLORIST

FLOWERS

FRAGRANT

GARDEN ROSE

GENUS ROSA

GIFT

GROW

HIPS

HYBRIDS

LEAVES

LOVE

MINIATURE

NAME

PERFUMES

PETALS

```
J W A C V G V I G E A Z U Y R I X B V Q
T G S K S T N A L P C T K C F M L G G D
D N Y C S G F I S D E N L R Z O Q C A B
S I K F I R D I N E K S A F O A T B R R
Y R D N U G O O G U E G O M X H V E D O
W P E B Z J Z L W S R S S R O E W A E Z
H S I W R Q E R O A U P O R W R T M N R
M Y J W O M N R N C T P N R F O F S R Q
U W B O F L D T A N A S W C D P L I O A
T S I R O L F W X H I H S L L E H L S N
Q E D G I E T R I B N B E I B S R O E G
S Z S W B D B P O A I D M M U Q R B N Y
P E B U R H S U M S M V U B A S W M I Y
W E I C G Y Q E D O A V F I U E N Y T Q
V K T C N U O J C S V C R N I Y T S N I
Y T U A E B X X N V S F E G L E A V E S
D D O T L P I N K I U G P A I Y W M L M
Z Y E F N S S C E N T Y A R E Z G O A E
U V K I V V M T R E E O A O P H V C V L
P W N I G Q S V N A K V Z X G E E A H L
```

PINK	SPRING
PLANTS	SYMBOLISM
PRUNING	TEA
RED ROSE	THORNS
ROMANCE	VALENTINE
ROSACEAE	VARIETY
SCENT	VASE
SHRUB	VINE
SMELL	WILD ROSES
SPECIES	YELLOW ROSE

Solution on page 127

Roller Coasters

```
R D J I B A N T U O P S A R E T S I W T
I B L D W Y T I V A R G N I T I C X E H
A C C I D E N T S A P O P I O X E R R R
F S E L W R B L C F Z N I R I D E S C I
R C K N W O D E D I S P U R P T R O S L
K R A P T N E M E S U M A Y S O N G K L
X E J O H R S O U D Z Y T A T E R U R G
A A Q X W D I K I B V E O A Y N T D O Q
F M T W G O B F R X F C R I Q O U H C W
N P S D D B O W U A A E S N S L T F J P
M H A P I L M D S G P L H K N C N U F P
S Y F S H S J E E O A E K O H Y I P Y J
T S Q T S E N M C N S L M G G C O D C E
E I C A A E I E D H U K F E I E P E X C
E C E T L N N G Y W A T C O H H R S S J
L S R I P T B G H L A N K A R T A I L R
F O D O I A L E E T A Z I S R C D G L X
O B O N H L E Y G R E N E C I T E N I K
Y S U P W L R A I L S M D K A R C W H L
M P R V S P E E D W B Y C H I L D R E N
```

ACCIDENTS

AMUSEMENT PARK

CARS

CEDAR POINT

CENTRIFUGAL FORCE

CHILDREN

CONEY ISLAND

CORKSCREW

DESIGN

DISNEYLAND

DROP

EXCITING

FAIR

FAST

FUN

GRAVITY

HEIGHT

HIGH

HILLS

KINETIC ENERGY

LOOPS

MECHANICAL

MEGACOASTER

OPERATOR

PASSENGERS

PHYSICS

RAILS

RIDES

RISK

SAFETY

SCREAM

SPEED

STATION

STEEL

TALL

THE CYCLONE

THEME PARKS

THRILL

TRACKS

TWISTER

UPSIDE DOWN

WHEELS

WHIPLASH

WILD

WOODEN

Solution on page 127

Utopia

```
F E F T Y G M N U W D K S Z Y G O M F Y
V C U I R Z L T Y P L I A R E A S P C P
S A T O U P N L M D D N A L S I A E U Q
U L U M H D M W F D G W P X M S R E Y H
D P R H A R M O N Y Z O Z I T O E P O H
S R E H T E G O T I E P T O M L P L Y F
M E V L L C C I N P O P R S J A I L T Y
R R I L G N N Y A L O A A M H T D A C D
A U T R F U L F I L L M E N T E Y C E W
F T I Y M A M T R N O A G O O D L I F A
A A S M J S I Y A H T M C L Y O L T R I
E N O I T C I F T X S E L B A R I S E D
Y C P B S I M F I H U D N D Y I C Y P A
C W A W R M U Y L H O Z F T T E C M E C
M A M E K O I M A G I N E D I T O O C R
P R W R P N Y R G Y G Y G O L O C E S A
D M H Y P O T H E T I C A L A M N E D E
J U S T I C E R U T L U C N U E I A O A
Q U E V T E O O L A E D I Z Q R V R L V
U S R W V E S I D A R A P S E U L A V K
```

ARCADIA

AREA

COMMUNITY

CULTURE

DESIRABLE

ECOLOGY

ECONOMICS

EDEN

EGALITARIAN

EQUALITY

FARMS

FICTION

FULFILLMENT

FUTURE

GOOD

GROUPS

HAPPY

HARMONY

HOPE

HYPOTHETICAL

IDEAL

IDYLLIC

IMAGINED

INTENTIONAL

ISLAND

ISOLATED

JUSTICE

MYSTICAL

MYTH

NATURE

OPTIMISM

PARADISE

PASTORAL

PEACE

PEOPLE

PERFECT

PLACE

POLITICS

POSITIVE

RELIGIOUS

REMOTE

SOCIAL

THOMAS MORE

TOGETHER

VALUES

Solution on page 128

Happy Birthday

AGE

BALLOONS

BANNERS

BORN

BOWS

CAKE

CANDLES

CANDY

CARDS

CLOWN

CONFETTI

COSTUMES

DECORATIONS

FACE PAINTING

FAMILY

FAVORS

FOOD

FRIENDS

GAMES

GIFTS

GOODY BAG

GREETINGS

HATS

ICE CREAM

ICING

INVITATIONS

MAKE A WISH

NOISEMAKERS

PARTY

PRESENTS

PRIZES

PUNCH

SING

STREAMERS

SURPRISE

TOYS

TREATS

WHISTLES

WRAPPING PAPER

```
L X G J H P V Y Y V H I P G P V H K U G
L W T V F M T R E A T S R W V B J V I K
K I J B U R C K C T R E H V V O Z F F R
T S R W A U G U E B E I P R W W T A E D
F W L P T M W F Z T S D R A C S M I S J
I H H R C S N O I T A T I V N I B T I V
L D S D O O F N L S S N O O L L A B R F
Q Q B K C R G E E Q R P I Y M H Z S P J
T E O Y L S S M H G F T H F J Q D G R L
H K B T T E U A S G A B Y D O O G K U Y
H A E J L T M E T R C P R E S E N T S X
X C O D S W A R O W E S B S R R D R B R
H I N O R X K C F X P K E D E D O A O C
P A C U K O E E A R A S A M M Z N V T B
C T P I P D A C N I I Q Y M A N I O A F
Y B T U N D W I Z N N E I D E G Y R Q F
P B J J T G I M G B T S N R R S E F P C
A V A A U X S R A U I N S D T L I N F M
U R R Y H J H S C A N D Y L S N W O L C
P M R W R A P P I N G P A P E R J L N F
```

Solution on page 128

Cool Air Conditioning

```
I C L I M A T E V A P O R A T O R E C Z
D N T V N B N N L O R T N O C G R R V S
U L H O Y I A V T E H G T I N U E U F S
C W O N H L T I R J C C B U T T O N S R
T T S C X Z C R O P N T T A L L N G L E
P S A J O V M O F E D A R I A H V A C S
J M W A J O A N M Z T E F I W J X N M N
U I U U C S H M O P P A T E C S A I Y E
O J R P C J U E C M R N T S L I O C T D
X V B H E N Y N E B E E B S L N T R B N
C L C Q H R Q T R D E B S P O F N Y K O
B B N B U I L D I N G O P S J M A O A C
E X O X M H R S E E V A S N O E R F F L
S L U K I Y E R O O M I L M B R E E V A
E L B D D R G V T T V R O L C C G I H R
I Y F A I Y J Q P A U T O M O B I L E T
U S Y S T E M L O E H W C M E Q R E D N
I C O N Y R C L W H A I D R V G F R F E
L D E Q T A O C E V I S N E P X E M A C
C V L R T P U P R I O E S S A G R X K C
```

AIR

APPLIANCE

AUTOMOBILE

BLOW

BUILDING

BUTTONS

CAR

CENTRAL

CLIMATE

COILS

COLD

COMFORT

COMPRESSOR

CONDENSER

CONTROL

COOL

DRY

DUCT

ELECTRICITY

ENERGY

ENVIRONMENT

EVAPORATOR

EXPENSIVE

FAN

FILTER

FREON

HEAT

HOT

HUMIDITY

HVAC

LUXURY

MACHINE

PORTABLE

POWER

PUMP

REFRIGERANT

RELIEF

RESIDENTIAL

ROOM

SWITCH

SYSTEM

TEMPERATURE

THERMOSTAT

UNIT

VENT

Solution on page 128

Slow Down

ACTIVITY

ALLOT

BALANCE

BODY

CALM

CLOCK

COMFORTABLE

CONSCIOUSLY

CRAWL

DAY

DELAY

DRIVING

FOCUS

GROWTH

HOURS

LIFESTYLE

MIND

MODE

MOLASSES

MORNING

NATURAL

PACE

```
G S S T W T V V O T C S Y A H Q T L B G
H U X J X M X P V O J A X A L E R K S X
A Z E C I T C A R P R G R J L D D T C D
P C T E T H I N K B F E N N Z E R Q U E
S D S U S G W K D P F N Y I R E D U C E
P W A Y J I N W U E K E R O T S E R C P
P W T N R L O I E H D B I C N S O G A S
U T X C C P C T V E G O H S P U E C M L
S R D D U O L V R I K J M R T L E R Z M
R P R E F T N A Y O R E Y I B X Z Q V H
M O L A S S E S N A T D N A N K U O V N
O S L S C L N C C N Y E T D W D E D A H
R I N F C A L T N I I R F T Y L G T S V
N T K I I O I S B A O N U O Y X U L T Y
I I B L C V G R U F L U G T G R O W T H
N V O K I C D U M N N A S M A W I S F E
G E D T C D F O C U S E B L E L M T X O
F L Y Z B B C H U B F Q M R Y V L Y L F
G Y W Z M W A L K I N G X I Q V A O K M
P P P O C R A W L A F U G F T D C T T R
```

PLANNING

POSITIVE

PRACTICE

REDUCE

RELAX

RESTING

RESTORE

ROUTINE

SLOWER

SNAIL

SPEED

STOPLIGHT

STRETCH

TASTE

THINK

TIME

TORTOISE

WALKING

WEEKEND

YOGA

Solution on page 128

ANSWERS

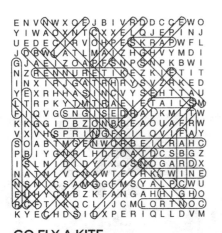

GO FLY A KITE

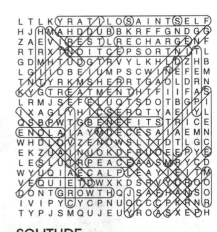

SOLITUDE

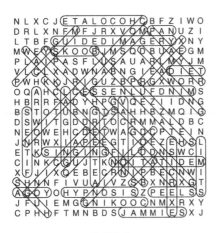

LOVE

CRAZY WATER BALLOONS

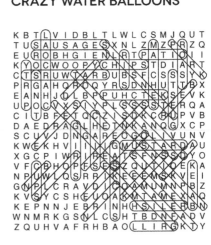

STRESS RELIEVERS

BACKYARD BARBECUE

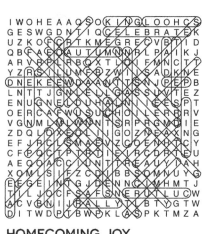

HOMECOMING JOY

VERY BRIGHT

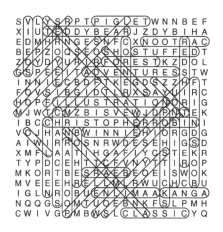

WINNIE THE POOH

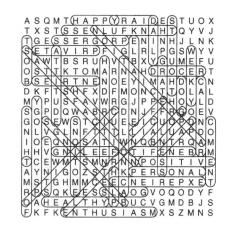

GRATITUDE JOURNALS

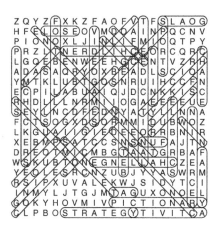

GAMES PEOPLE PLAY

CIRCUS ACT

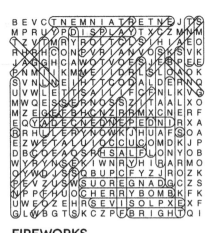

FIREWORKS

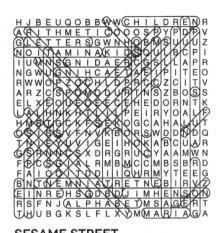

SESAME STREET

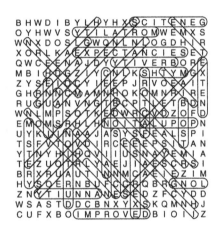

HUMAN LONGEVITY

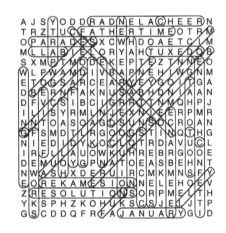

HAPPY NEW YEAR!

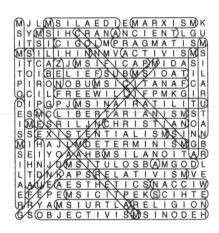

PHILOSOPHIZE

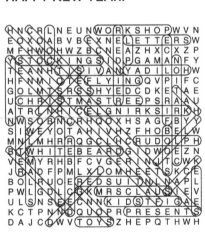

SANTA CLAUS

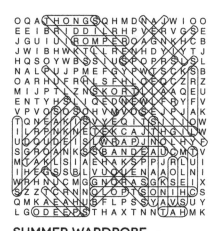

SUMMER WARDROBE

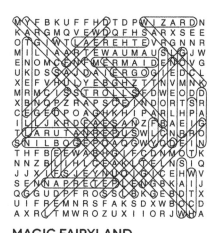

MAGIC FAIRYLAND

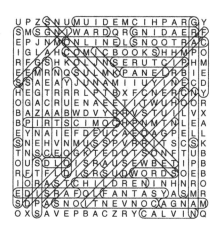

FUNNIES

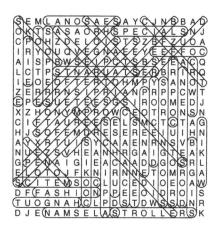

GOING SHOPPING

LIGHTHOUSES

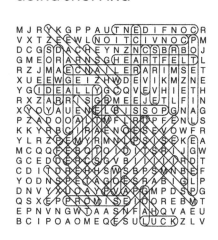

HOPEFUL

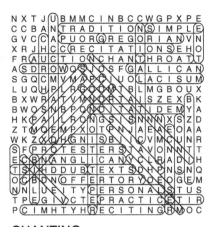

CHANTING

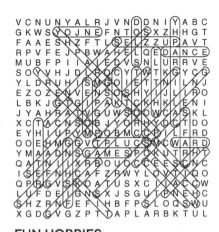

FUN HOBBIES

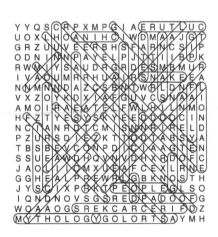

COSTUME PARTY

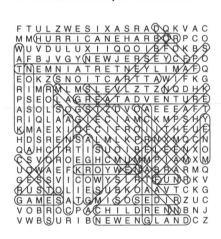

SPONGEBOB SQUAREPANTS

CHINESE NEW YEAR

SIX FLAGS

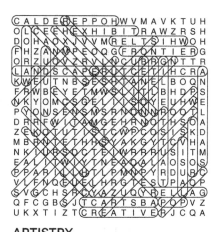

ARTISTRY

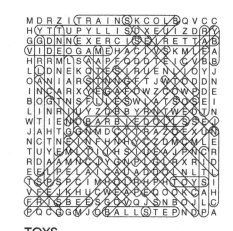

TOYS

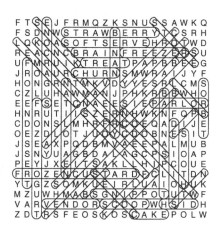

ICE CREAM

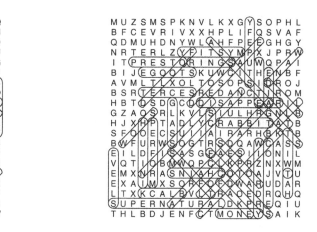

ABRACADABRA

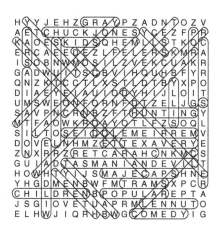

BUGS BUNNY

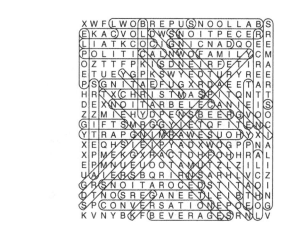

PARTY TIME

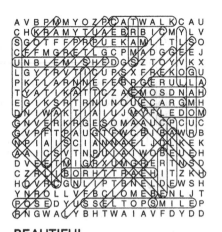

BEAUTIFUL

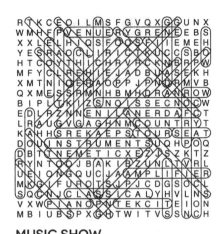

MUSIC SHOW

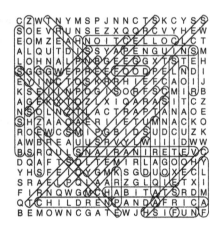

DAY AT THE ZOO

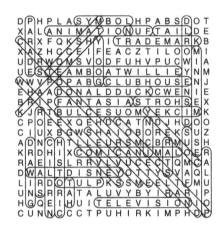

MICKEY MOUSE

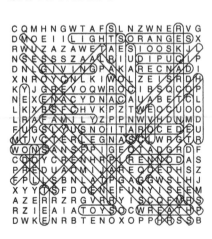

CHRISTMAS TIME IS HERE

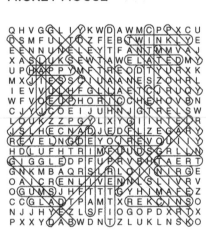

I AM AMUSED

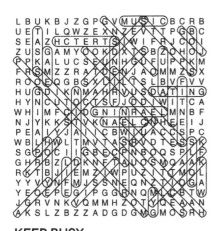

KEEP BUSY

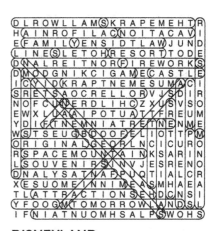

DISNEYLAND

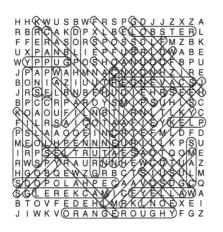

OCEAN WILDLIFE

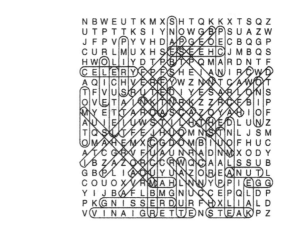

HEALTHY SALADS

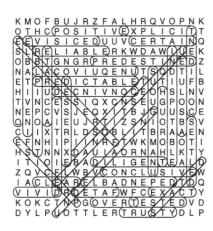

FOR SURE

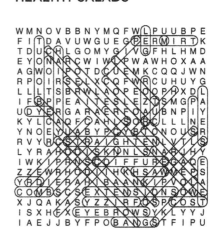

HAIR CARE

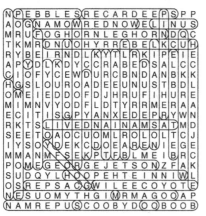

ANIMATED CARTOON CHARACTERS

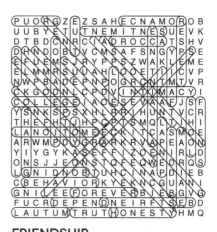

FRIENDSHIP

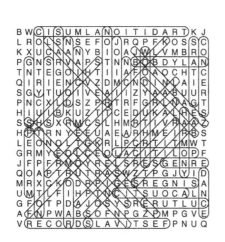

FOLK MUSIC

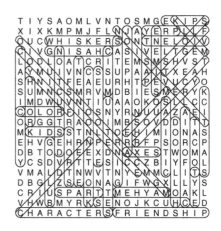

TOM AND JERRY

PLENTY OF FOOD

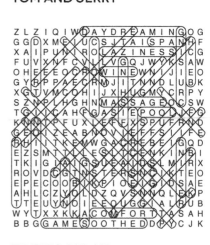

TIME TO RELAX

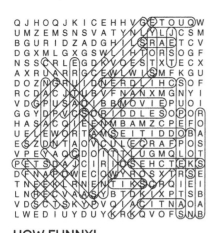

HOW FUNNY!

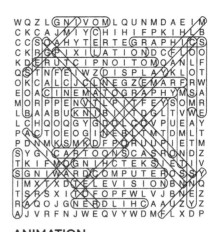

ANIMATION

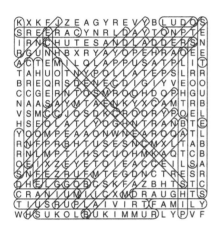

BOARD GAMES

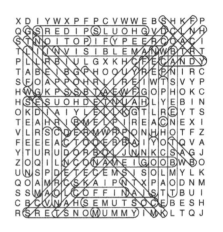

TRICK OR TREAT

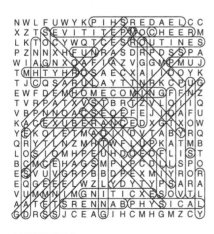

CHEERING

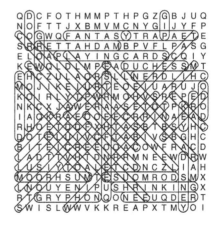

ALICE IN WONDERLAND

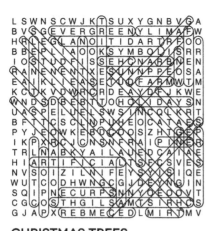

CHRISTMAS TREES

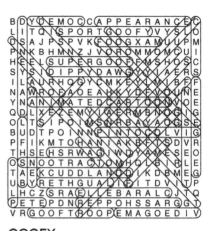

GOOFY

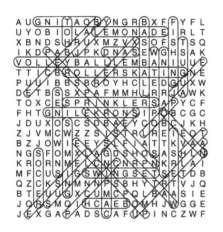

SUMMER FUN IN THE SUN

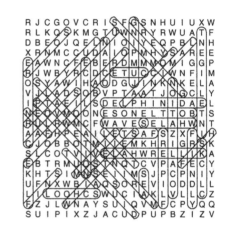

DOLPHINS

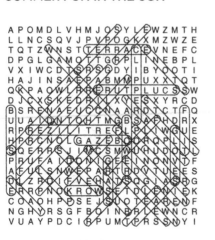

HOME GARDENING

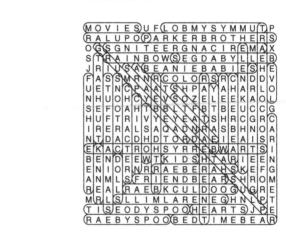

CARE BEARS

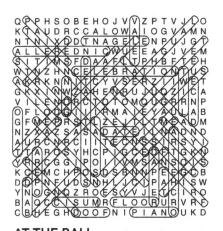

AT THE BALL

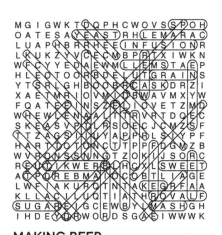

MAKING BEER

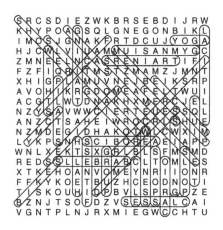

HEALTH CLUB

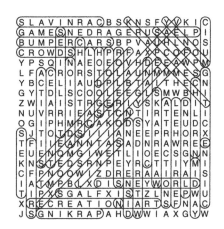

AMUSEMENT PARK

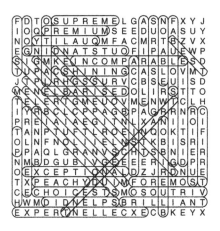

REALLY GREAT

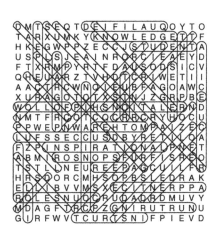

MENTORS

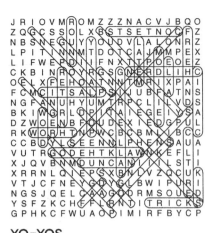

YO-YOS

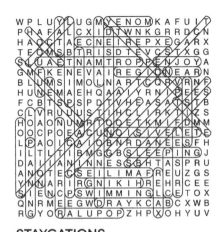

STAYCATIONS

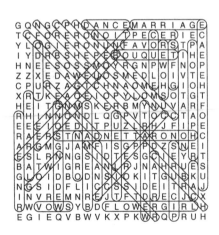

MADE OF COTTON

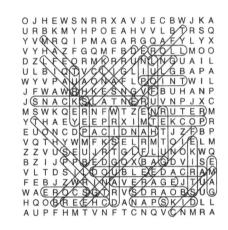

GO BOWLING

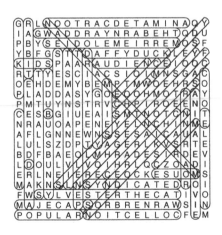

WEDDING CEREMONY

LOONEY TUNES

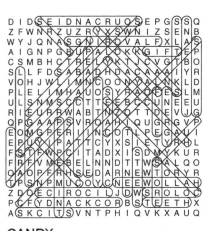

CANDY

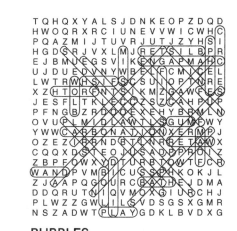

BUBBLES

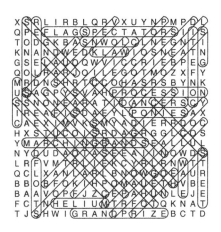

MARCHING IN THE PARADE

KARAOKE FUN

STATE FAIR

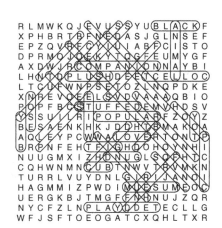

STUFFED BEARS

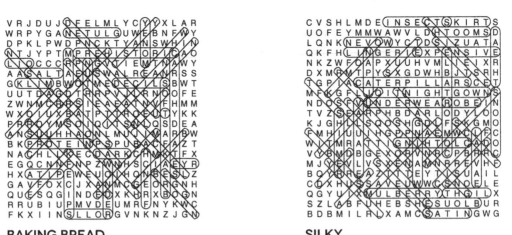

BAKING BREAD

SILKY

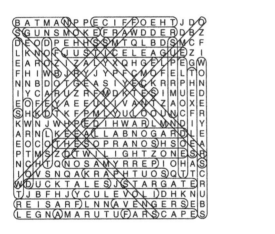

CLASSIC TV SHOWS

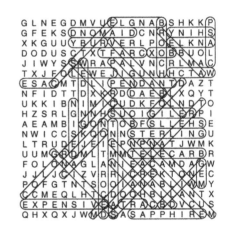

JEWELRY

TICKLED

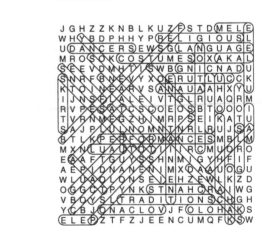

HULA

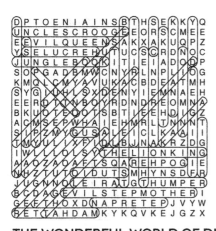

THE WONDERFUL WORLD OF DISNEY

FONDUE WITH OTHERS

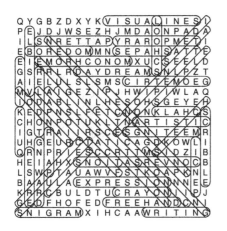

DOODLING

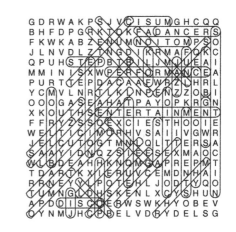

DANCE

ROSES

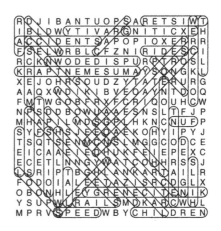

ROLLER COASTERS

UTOPIA

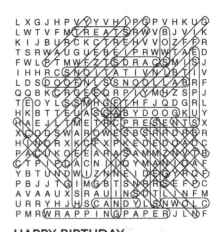

HAPPY BIRTHDAY

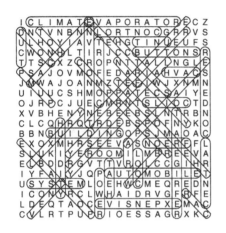

COOL AIR CONDITIONING

SLOW DOWN